幼儿园区域活动指导丛书

U0821449

幼儿园区域创设与活动指导：
角　色　区

张　芬　曹　俣　姚斯雯　王逸凡　著

苏州大学出版社

图书在版编目(CIP)数据

幼儿园区域创设与活动指导. 角色区 / 张芬等著. 苏州 : 苏州大学出版社, 2024. 11. -- (幼儿园区域活动指导丛书 / 张晗, 王亚红主编). -- ISBN 978-7-5672-4994-3

Ⅰ. G612

中国国家版本馆 CIP 数据核字第 2024KN2103 号

You'eryuan Quyu Chuangshe Yu Huodong Zhidao: Juesequ

书　　名: 幼儿园区域创设与活动指导: 角色区
著　　者: 张　芬　曹　俣　姚斯雯　王逸凡

责任编辑: 万才兰
装帧设计: 吴　钰

出版发行: 苏州大学出版社(Soochow University Press)
社　　址: 苏州市十梓街 1 号　**邮编**: 215006
印　　装: 苏州市越洋印刷有限公司
网　　址: http://www.sudapress.com
邮购热线: 0512-67480030
销售热线: 0512-67481020

开　　本: 787 mm×1 092 mm　1/16　**印张**: 11　**字数**: 222 千
版　　次: 2024 年 11 月第 1 版
印　　次: 2024 年 11 月第 1 次印刷
书　　号: ISBN 978-7-5672-4994-3
定　　价: 45.00 元

若发现印装错误,请与本社联系调换。
服务热线: 0512-67481020
苏州大学出版社邮箱　sdcbs@suda.edu.cn

总 序

在推进课程游戏化项目的过程中，江苏省教育厅强化了几项基本任务，其中就有深入开展区域活动。区域活动对幼儿园课程的实施来说，是基本的和重要的途径。但在十多年前，这一点并没有得到充分认可。课程游戏化让很多教师认识到区域在课程实施中扮演了重要的角色，组织多样化的区域活动是课程游戏化项目重点关注的工作内容。区域是一种非全班性的组织方式，有助于减少对全班集体活动的依赖，有助于推进儿童的小组学习、个别学习，有助于儿童的自主游戏，也有助于满足不同儿童的活动需要。很难想象，没有区域活动的开展，幼儿园如何注重个体差异，实现真正有效的因材施教。因此，区域活动是有助于儿童获得多样化经验，能够顾及儿童个体需要的适合幼儿园课程实施的活动形式，现在已经成为很多幼儿园课程实施的重要途径。

这里所说的“区域”是对班级室内或走廊环境以及场地环境的一种分隔，区域分隔主要是从活动和功能的意义上说的，而不只是从空间意义上说的。不同区域的材料不同、活动不同，能满足儿童不同的需要，能让儿童获得不同的经验，因此区域具有多样性和可选择性。多样性意味着除了一些基本的区域，班级还可以根据课程的需要尤其是儿童的需要，创设新的区域，体现了课程的灵活性和适应性。可选择性意味着儿童的自主性，儿童的需要得到了关照和满足，关注每一个儿童的发展需要就成为了可能。

区域活动作为幼儿园课程的主要实施途径，它包含了空间、时间、材料、儿童等要素，不同的儿童会在同一个区域中开展不同的活动。空间、时间、材料等适合儿童，活动就可能顺利开展，儿童就可能获得经验；反之，儿童就可能没有兴趣，活动就难以开展。课程游戏化项目推进的过程中，要努力引导教师研究儿童，研究材料，研究适宜的时间和空间，要努力让区域发挥应有的作用。

区域活动中，教师应注重观察、适当介入、有效指导，为幼儿的主动发展提供条件。教师如放任不管、过于随意，就不可能引发幼儿的深层学习，不可能让幼儿不断面临挑战，也不可能让幼儿形成新的经验。创设丰富多元、灵活适宜的活动区域是幼儿园开展区域活动的基本条件和必要前提。对于幼儿园来说，区域如何规划，是因园、因班而异的，是与幼儿园、班级实际空间、幼儿数量等都密切相关的，甚至不同的季节、不同的天气、不同的主题及幼儿的兴致都可能影响区域的安排。区域规划要有利于幼儿的活动，要符合幼儿身心发展规律和学习特点，有利于幼儿经验的获得。区域的规划应注重多样性、互补性、互动性和发展性。不同的区域有不同的活动和任务，性质也可能各异，不是所有的区域都具有完全相同的功能，但不同区域之间可以进行协调和互动。对区域活动而言，有些区域可能自发性和游戏性更强一些，有些区域可能目的性和探究性更强一些。在区域规划时，一定要将幼儿游戏兴趣与发展需要作为区域设置的重要依据，既确保幼儿的自由游戏时间和空间，又确保幼儿经验的有效发展。

幼儿是在行动中学习的，幼儿与周围环境，尤其是与材料的相互作用，是幼儿获得经验的重要途径。区域活动中教师要研究每一种资源的功能，研究不同资源之间的协同和配合，最大限度地发挥资源的教育价值。要根据幼儿的兴趣和需要，组织和改造资源，将基本资源和辅助资源有机结合起来。要从幼儿的年龄特点出发，确保活动资源的可选择性、可获得性、适宜性和挑战性，要真正满足幼儿活动的需要，促进幼儿持续的学习。要深入关注幼儿利用资源进行互动的过程，发现问题，加强指导，使资源在活动的过程中真正转化为幼儿的经验。

“幼儿园区域活动指导丛书”的作者就是基于以上思考，依托江苏省“双师型”名师工作室与江苏省高校“青蓝工程”优秀教学团队的力量，立足幼儿园区域创设与活动实施中的真实问题，在《幼儿园工作规程》《3—6岁儿童学习与发展指南》《幼儿园保育教育质量评估指南》等文件精神引领下，基于“经验视野下幼儿园区域创设与活动指导”的科学观念与实践策略，对生活区、语言区、角色区、科学区、数学区、建构区、美工区、公共区域等八个不同区域进行系统的研究和总结，凸显了丛书的全面性与引领性。此套丛书既有理论思考，又有实践关怀，让我们看到了幼儿园区域活动的独特魅力与丰富价值。

期待该丛书能为更多幼儿园区域规划、环境创设、活动实施提供有益的借鉴与指导，更好地实现幼儿个性化全面发展的需要，为学前教育高质量发展贡献力量。

虞永平

2024年8月

丛书前言

区域活动是江苏省幼儿园课程游戏化项目的主要建设内容，也是课程游戏化项目推进中的一个难点。苏州市吴江区作为江苏省幼儿园课程游戏化项目区域推进的先行者之一，多年来在区教育局、教研室以及高校专家的引领下，持续深入地对室内区域环境创设与活动指导进行研究探索、反思优化，已形成了相对成熟的理论架构与实践经验，现将实践成果凝练成文并出版，以期与所有幼教同仁共同研讨。

1. 区域活动是践行“游戏是幼儿园基本活动”理念的重要途径

2001 年，教育部颁印的《幼儿园教育指导纲要（试行）》指出，“尊重幼儿身心发展的规律和学习特点，以游戏为基本活动”，“幼儿园应为幼儿提供健康、丰富的生活和活动环境，满足他们多方面发展的需要，使他们在快乐的童年生活中获得有益于身心发展的经验”。基于幼儿经验全面发展需要，创设种类多样、数量丰富的区域，投放充足、适宜的区域材料，可满足幼儿通过“直接感知、实际操作、亲身体验”获取经验的需要。

2. 区域活动是克服幼儿园“小学化”现象的重要策略

2011 年，《教育部关于规范幼儿园保育教育工作　防止和纠正“小学化”现象的通知》指出，“创设适宜幼儿发展的良好条件，整治‘小学化’教育环境。幼儿园要创设多种区域活动空间，配备丰富的玩具、游戏材料和幼儿读物，为幼儿自主游戏和学习探索提供机会和条件”。2018 年，《教育部办公厅关于开展幼儿园“小学化”专项治理工作的通知》提出，“对于未按规定创设多种活动区域（区角），未提供充足的玩教具、游戏材料和图书，缺乏激发幼儿探究兴趣、强健体魄、自主游戏的教育环境的，要调整幼儿园活动区域设置，合理利用室内外环境，创设开放的、多样的区域活动空间，并配备必要的符合幼儿年龄特点的玩教具、游戏材料、图画书”。

3. 区域活动是落实江苏省幼儿园课程游戏化精神的重要内容

2014年，江苏省教育厅、财政厅《关于开展幼儿园课程游戏化建设的通知》指出，“构建游戏化活动区域。以尊重幼儿兴趣爱好、激发幼儿自主活动为宗旨，根据课程实施进展情况，创建数量充足、种类多样、材料丰富、与幼儿发展相适宜的游戏区域。区域活动中教师注重观察、适当介入、有效指导，为幼儿主动发展提供条件保障”。作为课程游戏化实施的重要载体，不同种类、不同难度的区域活动为幼儿提供了丰富的内容选择与广阔的挑战空间，激发了幼儿的活动兴趣与探索欲望，促进幼儿积极建构新经验，极大地转变了以“端坐静听”为主的教学方式。

4. 区域活动是实现学前教育高质量发展的重要举措

2023年7月，《教育部 国家发展改革委 财政部关于实施新时代基础教育扩优提质行动计划的意见》明确要求，“加快构建幼有优育、学有优教的高质量基础教育体系”。高质量学前教育的核心在于实现每位幼儿在自己原有基础上的最优发展，即个性的全面发展。教育部《幼儿园工作规程》提出，“幼儿园应当根据幼儿的年龄特点指导游戏，鼓励和支持幼儿根据自身兴趣、需要和经验水平，自主选择游戏内容、游戏材料和伙伴，使幼儿在游戏过程中获得积极的情绪情感，促进幼儿能力和个性的全面发展”。

本套丛书共分9册：《经验视野下幼儿园区域创设与活动指导》《幼儿园区域创设与活动指导：生活区》《幼儿园区域创设与活动指导：语言区》《幼儿园区域创设与活动指导：角色区》《幼儿园区域创设与活动指导：科学区》《幼儿园区域创设与活动指导：数学区》《幼儿园区域创设与活动指导：建构区》《幼儿园区域创设与活动指导：美工区》《在同构、互融中共生——幼儿园公共区域创设与活动指导》。全套书由总到分，系统涵盖幼儿园主要区域类型，指向幼儿经验全面发展需要。当然，本套丛书也是一个开放的体系，后续的音乐区等相关区域如有好的探索成果，我们会继续丰富。

本套丛书的每一分册都从一个区域的研究现状与趋势出发，链接《3—6岁儿童学习与发展指南》，从核心价值与联动价值两个方面分析区域活动经验价值；基于区域价值的实现进行区域创设，包括空间规划、环境创设、材料投放、规则与标识创设等；在区域创设的基础上，放手让幼儿自主活动，教师进行观察、倾听，适时、适宜地进行区域活动的指导；探索不同区域之间、区域活动与其他活动之间的有机联系、相互渗透的路径与方法。本套丛书将理论与实践有机结合，注重案例启发，对开展幼儿园区域活动有较好的借鉴意义。每册书图文并茂，区域创设、活动指导的路径与策略通俗易懂，旨在为幼儿园教师提供全面、实用的指导方案。

本套丛书的顺利出版得益于江苏省“双师型”名师工作室和江苏省高校“青蓝工程”优秀教学团队的资助，得益于苏州幼儿师范高等专科学校、吴江区教育局的大力支持。本套丛书是全体作者共同努力的成果，编写时借鉴、参考了国内外已有的研究成果，在此向一路上给予支持与帮助的领导、前辈和同行表示由衷的感谢！

本套丛书参与者较多，尽管每个人都尽了很大努力，由于研究能力所限，丛书内容尚未完全达到理想的状态，难免存在错误、缺漏和不当之处，敬请广大读者批评指正！

张　晗　王亚红

2024 年 8 月

前言

幼儿园角色区活动是幼儿社会交往和语言能力发展的重要途径，体现了幼儿对生活的理解和反映，更是幼儿与他人、幼儿与社会联结的重要枢纽。科学合理地创设促进幼儿全面发展的角色区，是幼儿园教育实践的重要研究内容之一。

本书集中展示了江苏省汾湖高新技术产业开发区实验幼儿园和苏州大学附属吴江幼儿园反复探索与实践的最新成果。同时，本书梳理了角色区研究现状和实践问题，从角色区幼儿发展的经验价值出发，进行区域创设，满足幼儿通过“直接感知、实际操作、亲身体验”获取经验的需要，以观察为基础，组织实施角色区活动，提升幼儿角色区活动的适宜性与有效性，实现幼儿个性的全面发展。

本书在明晰角色区的内涵、经验价值的基础上，将理论探索、经验总结与案例分析相结合，重点介绍了角色区的空间规划、环境创设、规则制定、标识设置、材料投放、活动实施与指导，以及角色区活动与其他活动的融合等内容。本书不仅涵盖了小、中、大班角色区创设与活动指导的内容，还对混班、混龄形式下的角色区创设与指导进行了研究与探索。本书图文并茂，案例丰富，可操作性强，能为幼儿园教师及学前教育师范生开展角色区活动提供借鉴与参照。

本书具有以下三个特点：

一是创新性。本书基于儿童本位及《幼儿园工作规程》《幼儿园教育指导纲要（试行）》《3—6 岁儿童学习与发展指南》等文件理念，贯彻课程游戏化精神，借鉴相关理论成果，结合实践，追寻角色区研究趋势。同时，在常规小、中、大班的基础上，对中班混班、全园混龄形式下的角色区创设进行了研究和探索，具有一定的启发性和创新性。

二是实践性。本书出自一线教师之手，始终坚持理论联系实践，针对角色区教育实践中的问题，从教师视角出发，基于实际问题，总结实践经验与智慧，形成有效的、可操作的策略与方法，给予读者启示。

三是可读性。本书中有大量的照片、图表、案例等，语言文字浅显易懂，便于读者理解和把握各项目的核心内容。

本书是在苏州幼儿师范高等专科学校张晗教授的伴随式指导下完成的，编写过程中参阅、吸收了大量国内外学者、幼教工作者的有关学术文献、实践案例，也得到了苏州大学出版社的大力支持，在此一并表示感谢。

本书是诸位作者多年努力实践探索与理论研究的结晶，但囿于水平，不当、不足之处在所难免，还望各位读者批评指正。我们将永续前行，不断对其进行优化与完善。

目 录

第一章 寻根觅源　知常达变

——角色区概述

本章概要

本章从角色区的内涵出发，分析出角色区具有社会性、表征性、情境性等特征，并提炼出角色区的价值如下：提升幼儿的社会交往技能，培养幼儿的规则意识，提高幼儿的语言去情景化程度，培养幼儿的学习品质并促进其深度学习。本章通过梳理文献，描述角色区的研究现状，从环境创设、教师指导等角度发现问题，尝试探索角色区的发展趋势；转变研究视角，从生态学视角研究角色区活动、探索活动价值，从学习品质角度探索角色区活动价值、突出活动特征，注重角色区活动的自主性。

思维导图

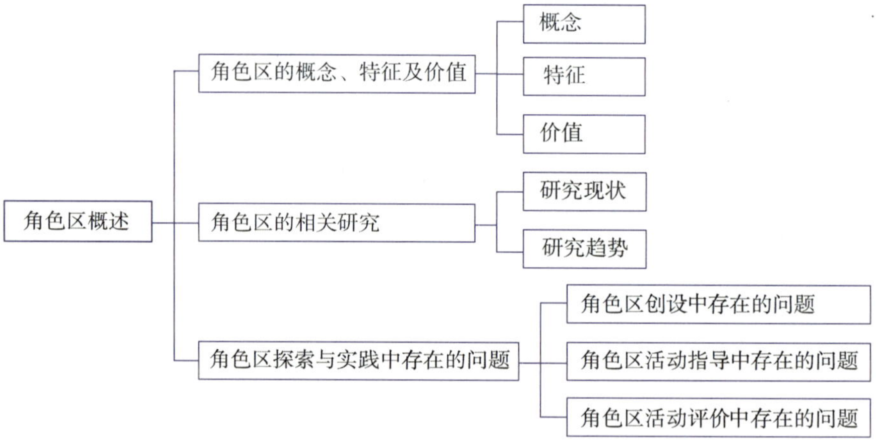

第一节 角色区的概念、特征及价值

一、角色区的概念

角色区是幼儿开展角色区活动的场所，幼儿可以在各种模拟的情境中，按照他们对周围世界的认识和理解来扮演各种角色，诠释各种行为。角色区给幼儿提供了一个与人相处、表达情感和思想、用语言交流对角色的认识，以及对别人的需要和要求做出反应的场景氛围。角色区活动对幼儿的语言、智力及社会性的发展均起到良好的促进作用，而且也是幼儿宣泄和表达各种情绪、情感不可或缺的途径和方式。角色游戏是角色区活动的一种基本形式，是幼儿根据自己的兴趣和愿望，通过扮演角色创造性地反映其生活体验的一种游戏，是3—5岁幼儿特有的最典型的游戏。

二、角色区的特征

1. 社会性

在角色区中，幼儿通过游戏等活动形式表达自己对周围生活和世界的认识、体验与感受，在游戏中通过各种方式表达自己的情绪、情感，周围的社会生活则是幼儿角色区活动主题和内容的源泉。幼儿自身的生活经验会直接影响游戏内容与游戏情节。

2. 表征性

角色区活动主要是以“表征思维”为基础的游戏，幼儿以“角色扮演”为主要表征手段，采用变换肢体语言、口头语等方式对生活中的行为和情节进行模仿，出现“以物代物”“以物代人”“以人代人”等表征特点。

3. 情境性

进行角色区活动时，幼儿发挥自己的想象力，联系现实生活，创造性地假想情境。在情境中，幼儿想象角色、设计游戏、选择角色、制定规则、推进情节发展，并根据自己的想象和需求切换游戏情节，从而完成一系列活动。

三、角色区的价值

（一）提升幼儿的社会交往技能

幼儿在角色区的活动从周围的生活经验中产生，其在活动中结成了两种社会性关系：真实的同伴关系和想象的角色关系。这两种关系在理论上被认为是有利于幼儿社会性发展的重要因素。[1] 在角色区，幼儿有充分的机会与同伴进行合作互动，如在“娃娃家”游戏中，一名幼儿扮演爸爸，一名幼儿扮演妈妈，还有幼儿扮演家庭之中的其他角色，模仿家庭生活内容进行游戏；又如在模拟医院、理发店、花店等场所的职业体验游戏中，幼儿可以扮演医生、理发师、店长、服务员等角色，在扮演某个角色的过程中，增加同伴互动，从而提升社会交往技能。

（二）培养幼儿的规则意识

在角色区活动中，幼儿通过选择不同的角色进行扮演来体验角色责任，在对将来社会生活的预演中感受活动蕴含的规则。比如，在“超市”“消防站”“奶茶店”等主题活动中，幼儿在排队、接电话时，能够礼貌说话，知道将垃圾扔到垃圾桶中等；在“娃娃家”游戏中，幼儿能明白爸爸、妈妈的责任，主动为家庭做力所能及的事情等。可以说，角色区活动为幼儿日后遵守社会规则打下了基础。

（三）提高幼儿的语言去情景化程度

在角色区活动中，幼儿通过自己的想象，创造性地表达自己的想法。有学者考察了儿童在社会性扮演游戏中所用的词汇和句子与在其他游戏中所用的词汇和句子有何差异。结果表明，社会性扮演游戏中的语言更为复杂、明确，去情景化程度更高，语法更为复杂、完整、规范。[2] 幼儿在角色区活动中，与同伴商量着自主确定活动主题、角色、材料、规则，使得活动具有练习语言表达的功能。幼儿在与同伴

[1] 刘焱. 儿童游戏通论［M］. 北京：北京师范大学出版社，2004：483.
[2] 刘焱. 儿童游戏通论［M］. 北京：北京师范大学出版社，2004：484.

的对话中了解会话规则，学会使用适合的语言进行沟通。在活动结束之后，幼儿讲述自己在角色区的活动内容，可以再次提升言语运用能力。

（四）培养幼儿的学习品质，促进其深度学习

随着课程游戏化的推进，游戏成为培养幼儿学习品质的重要方式。游戏是角色区的基本活动，对于培养幼儿的学习品质，促进其深度学习有深刻意义。

首先，角色区活动可以激发幼儿的好奇心与兴趣。幼儿在角色区活动中体验着不同的社会生活，这是幼儿从未有过的体验，他们充满好奇；形象具体的角色游戏材料，增加了幼儿的“真”体验，从而进一步提升了幼儿的游戏兴趣水平。其次，角色区活动可以提高幼儿的自主性。自主性是角色区活动的特性之一，幼儿在角色区自主决定游戏主题、角色、规则、情节等，并在整个游戏过程中通过各类自主活动提升自主能力。最后，角色区活动可以提升幼儿的专注力。幼儿在角色区的游戏与其周围生活有着密切联系，遇到困难时，幼儿往往不会中断游戏，而是会利用生活经验来解决问题，从而推进游戏，这会使幼儿持续沉浸在游戏中，从而帮助幼儿提升专注力。

第二节　角色区的相关研究

一、角色区的研究现状

角色区对幼儿有很大的影响。它与幼儿的社会性发展，认知水平、自主性、语言能力提升等各方面都息息相关。因此，角色区在幼儿的成长道路中是不可或缺的。下面将综合国内的相关研究，从两个方面进行阐述。

（一）角色区创设的相关研究

对于角色区的创设，国内学者进行了大量的研究与思考。

对于角色区环境创设来说，王卫红认为其包括三个方面：一是角色区物质环境的创设。物质环境创设可以从几个方面进行准备。首先，材料的选择应具有可操作性；其次，材料的产生应来源于幼儿的想象；最后，材料的使用应能充分发挥幼儿的想象力。二是角色区精神环境的创设。三是角色区中打破年龄界限的全园性游戏环境的创设。[1] 钱春莲认为，角色区的创设包括两个方面：一是开放性的物理环

---

［1］ 王卫红. 角色游戏环境的创设与利用［J］. 山东教育，2002（18）：36-37.

境，指游戏空间、时间及玩具材料对于幼儿是开放的；二是心理环境，指的是角色游戏中开放的人际关系。[1] 这两位学者的观点是一致的，即角色区的环境创设需要物质、心理以及空间上的准备。

物质环境的创设涵盖材料的投放。王卫红认为，材料要选择有可操作性及可供幼儿想象的。[2] 郑碧华认为，要根据幼儿年龄特点，投放不同层面的具有可操作性的材料，把握材料投放的“度”，促进小班幼儿友好交往。[3] 孙延永认为，材料须合理且是可加工改造的、优质的、难易程度有变化的，同时应动态地为幼儿投放材料，注意材料摆放的方式，吸引幼儿主动探索。[4] 叶雁虹、陈庆提倡投放的材料要包含人物、动植物、工具、场景，且具备充足的数量。[5] 小班可投放仿真的游戏材料，中大班可投放半仿真、半替代性游戏材料。

除了材料的投放外，角色区也需要给足幼儿空间。刘东兰等认为，要为幼儿设计纯粹的游戏空间，而且游戏空间设计应打破传统，从被动的灌输变为主动的探索。[6] 要打破界限，创造条件，让幼儿去接触社会，丰富幼儿的经验与认知。

综合来说，角色区的环境创设要在空间、时间、材料等各方面都给予幼儿充足的操作性、自主性及主动性等。

（二）角色区活动指导的相关研究

关于教师是否需要对角色区活动进行指导，国内学者在理论与实践上都存在着争议。持反对意见的学者认为，教师参与指导会对幼儿自由玩耍的游戏产生压制，阻碍幼儿的发挥和创造，应让幼儿完全自主游戏。但也有相当多的学者表示，教师积极有效地介入幼儿游戏不仅可以丰富幼儿游戏的内容和形式，而且对幼儿的发展具有重要作用。[7] 本书认为教师参与活动指导是必要的，教师的有效介入能促进幼儿的成长与发展，但这与教师以何种角色介入、如何介入有相当大的关系。

1. 角色区活动中教师角色研究

方建华认为，教师可以以游戏者、教育者或教育者与游戏者相糅合的身份存在

---

［1］ 钱春莲. 浅谈角色游戏环境的创设与游戏的发展［J］. 早期教育（教科研版），2011（11）：32-33.

［2］ 王卫红. 角色游戏环境的创设与利用［J］. 山东教育，2002（18）：36-37.

［3］ 郑碧华. 在角色区材料投放中促进小班幼儿友好交往［J］. 福建基础教育研究，2014（12）：114-115.

［4］ 孙延永. 促进幼儿主动学习的区域活动环境创设［J］. 陕西学前师范学院学报，2017，33（7）：38-42.

［5］ 叶雁红，陈庆. 学前教育装备指南［M］. 上海：上海世界图书出版公司，2008.

［6］ 刘东兰，陈平留，周小青. 中国传统教育与儿童游戏环境设计［J］. 中国科技信息，2005（21）：168.

［7］ 郭曼曼，张晴. 教师介入幼儿游戏的研究现状与趋势［J］. 宁波教育学院学报，2017，19（1）：113-115.

于角色游戏中。[1] 黄人颂认为，幼儿是角色游戏的主人，而教师更多的是扮演支持者和参谋的角色，但绝不是指挥者。[2] 刘焱认为，教师所扮演的角色的侧重点应当随着角色游戏进展的不同阶段而有所不同。在开始阶段，教师扮演的是游戏活动材料的提供者；在游戏的进行过程中，教师是游戏的支持者和帮助者；在游戏结束阶段，教师是游戏讨论的发起者和组织者。[3] 冯雪琴认为，教师在角色游戏中不仅是组织者和指导者，还应当成为服务者、游戏者、倾听者、欣赏者或心灵之师。[4] 陈勤英认为，教师在角色游戏开展前应当扮演设计者和引导者的角色，在游戏进行中应当扮演欣赏者和观察者的角色，在游戏结束时应当扮演评价者的角色。[5]

综合各位学者的观点，其根本的出发点是一致的，他们认为教师在角色游戏中不仅仅扮演一种角色，而是动态变化的，需要根据游戏的进行情况，在不同时段扮演不同的角色。

2. 角色区活动中教师介入时机和指导方式研究

任艳指出，为了开展高质量的角色游戏，教师应为幼儿提供适宜的“支架”、提供充足的游戏时间及有效地介入，以促进幼儿游戏技能的发展。[6] 那么，教师应该如何有效介入幼儿游戏呢？对于教师介入时机来说，邱学青认为，教师必须在观察的基础上决定是否介入角色游戏，在介入角色游戏之前，最好先想好介入可能会产生的后果。[7] 也有学者对教师介入时机有更详细的说明。华爱华认为，如果出现幼儿与同伴交流困难、幼儿进入其自意识游戏中、幼儿游戏行为与以往不一致、因物质材料缺失而游戏难以维持、幼儿技能表示“失利”、出现负面影响等情况时，教师应该及时介入。[8] 陈凤娟也指出，教师可以在以下四个时机介入：一是幼儿主动寻求教师帮助时；二是游戏障碍重重导致幼儿无措时；三是幼儿的游戏兴致不高时；四是幼儿在游戏中出现意外情况时。[9] 此外，教师介入的指导方式也很重要。华爱华把教师对幼儿的指导形态分为外在干预和内在干预，把教师介入指导的方式分成三种：平行游戏、共同游戏、现实比照。[10] 外在干预和内在干预也可以表达成外指导和内指导，外指导是指教师以教育者的身份进行指导干预，而内指导是指教

[1] 方建华．中班幼儿角色游戏中教师指导行为研究［D］．南京：南京师范大学，2008.
[2] 黄人颂．学前教育学［M］．北京：人民教育出版社，1989.
[3] 刘焱．儿童游戏通论［M］．北京：北京师范大学出版社，2004.
[4] 冯雪琴．角色游戏中教师角色的分析［J］．山东教育，2002（15）：37-38.
[5] 陈勤英．教师在角色游戏中的“角色”［J］．读与写（上下旬），2014（19）：316.
[6] 任艳．对幼儿园角色游戏区创设的构思［J］．华夏教师，2020（13）：78.
[7] 邱学青．学前儿童游戏［M］．3 版．南京：江苏教育出版社，2005.
[8] 华爱华．幼儿游戏理论［M］．上海：上海教育出版社，1998.
[9] 陈凤娟．浅议教师介入幼儿角色游戏的时机和指导建议［J］．科学咨询，2018（37）：119-120.
[10] 华爱华．幼儿游戏理论［M］．上海：上海教育出版社，1998.

师作为幼儿角色游戏的参与者进行指导。丁海东认为，内指导和外指导应该有机结合。[1] 邱学青从操作性指导策略层面把教师介入指导方式分为游戏介入法、材料提供法、语言指导法。其中，游戏介入法包括平行式介入、交叉式介入和垂直式介入三种形式。语言指导法又包括建议式语言、激励式语言、澄清式语言、询问式语言、邀请式语言、指令式语言和角色式语言。[2]

综合相关研究，教师需要在幼儿进行角色游戏时，敏感地捕捉介入时机，选择合理的介入方式，给幼儿提供支持与帮助，从而促进幼儿游戏技能的发展。

（三）小班角色区和中大班角色区的相关研究

1. 小班角色区研究

在“知网”上用关键词“角色游戏”“小班幼儿”进行搜索，可以发现国内学者对小班角色区的研究文章并不多，约有 100 多篇，这些文章在研究方向上基本相似。杨晋[3]、龚桂红[4]等学者认为，目前小班角色区存在主题单一、幼儿同伴互动少、材料准备不充分、幼儿游戏水平低等问题。陈倩[5]、郭敏[6]、殷顺梅[7]等学者从理论方面对小班角色游戏中教师的介入方式与指导进行了相应的研究。叶晓晴从实践出发，对游戏中出现的问题进行了分析并给出了指导策略。[8] 也有部分学者针对幼儿的发展展开了调查研究，如刘洋之在其硕士学位论文中对角色游戏中的小班幼儿同伴互动进行了个案研究[9]。还有学者在幼儿自主性、社会性方面展开了讨论。

综合来说，国内学者主要针对小班角色区的特点、现状，以及教师介入、幼儿自身发展等方面做了相关的研究，但总体来说这些研究深度不够、质量不高，以宽泛概括为主，缺少针对性。本书认为，在小班角色区的研究上可增强系统性研究，在大量真实数据的基础上，选取个性案例，以弥补国内关于小班角色区的文献资料的不足之处。

2. 中大班角色区研究

相较于小班角色区研究的不足，国内学者对中大班角色区的研究还是比较完善

---

[1] 丁海东. 学前游戏论 [M]. 济南：山东人民出版社，2001.

[2] 邱学青. 学前儿童游戏 [M]. 3 版. 南京：江苏教育出版社，2005：225-226，230.

[3] 杨晋. 小班角色区游戏初探 [J]. 成功（教育），2011（4）：225.

[4] 龚桂红. 小班角色区游戏现状及改善策略 [J]. 教育导刊，2016（16）：79-80.

[5] 陈倩. 小班角色游戏中教师行为的策略研究 [J]. 高考，2016（18）：65.

[6] 郭敏. 小班幼儿角色游戏的介入及指导 [J]. 读与写（教育教学刊），2019，16（12）：220.

[7] 殷顺梅. 小班主题角色游戏中教师介入的方式与指导策略 [J]. 新课程（下），2012（9）：96.

[8] 叶晓晴. 小班幼儿入园初期自主性游戏的指导策略：以角色游戏“麦当劳”为例 [J]. 文理导航，2021（36）：87-88.

[9] 刘洋之. 角色游戏中小班幼儿同伴互动的个案研究 [D]. 鞍山：鞍山师范学院，2017.

及深入的。有的研究者从中大班角色区与幼儿自身的发展、行为出发进行研究，比如，耿晓锟[1]、刘欣[2]等学者在其硕士学位论文中对角色游戏与大班幼儿的创造力展开研究；李善英、陈惠婷对中大班幼儿在角色游戏中的同伴互动进行研究[3]；蔡咏梅、许靖对角色游戏与中大班幼儿口语能力的发展进行研究[4]。此外，郭泉秀[5]、王小丽[6]、李晨晨[7]等学者对中大班幼儿角色游戏中的教师介入现状进行研究。孙叶琴[8]、姚小玲[9]等从中大班幼儿角色游戏中的开放性材料、资源的投放入手，指出开放性材料对于角色游戏的重要性。

综合来说，国内学者对中大班幼儿角色区的现状、创设、材料投放、教师介入及幼儿的发展等各方面都进行了相关研究，研究面广而深，具有一定的代表性和研究价值。基于中大班幼儿所处年龄阶段的特点，对中大班角色区的后续研究可以尝试从幼儿完全自主的方向入手进行创新研究，给中大班角色区研究注入新的活力。

二、角色区的研究趋势

（一）转变研究视角，以生态学视角研究角色区活动

生态学思想的核心就是强调各种异质要素之间的互生性、互补性和互利性，各要素相成、相济，不断对话，由此而能“生物”。在此过程中，各要素不断超越自身的局限性，获得很多新质，并共同组成了一个内在具有不断自我改进、优化和完善机制的开放生态系统。[10] 生态式幼儿园区域活动强调将区域活动视为一个开放的生态系统，这个系统内部各个要素之间、系统与外部各个系统之间是一种互生、互补和互利的生态关系。[11] 在生态式幼儿园区域活动中，区域设置将依需要而立，更注重幼儿的权力自主，强调区域空间上的平衡和共生。生态学视角下的角色区活动亦是如此。从设置何种角色区到角色区的规则制定及其修改，再到室内外空间的挖

---

[1] 耿晓锟．通过角色游戏促进大班幼儿创造力发展的实践研究［D］．武汉：华中师范大学，2019.

[2] 刘欣．通过角色游戏培养大班幼儿创造力的行动研究［D］．上海：上海师范大学，2019.

[3] 李善英，陈惠婷．大班幼儿角色游戏中同伴互动行为分析及教育对策［J］．陕西学前师范学院学报，2018（5）：51-55.

[4] 蔡咏梅，许靖．以角色游戏中的谈话促进大班幼儿口语表达能力的策略研究［J］．中国教师，2021（4）：104-105.

[5] 郭泉秀．T 园 4—6 岁幼儿角色游戏中教师介入现状的研究［D］．南京：南京师范大学，2014.

[6] 王小丽．中班幼儿角色游戏中教师介入时机的研究［J］．黑河学刊，2013（6）：123-124.

[7] 李晨晨．幼儿园中班角色游戏师幼互动存在的问题及解决策略［J］．陕西学前师范学院报，2019（1）：53-58.

[8] 孙叶琴．大班幼儿角色游戏中开放性材料投放的实践研究［D］．上海：上海师范大学，2017.

[9] 姚小玲．大班幼儿角色游戏中开放性资源投放［J］．基础教育论坛，2021（2）：36.

[10] 秦元东．生态式幼儿园区域活动初探［J］．学前教育（幼教版），2006（3）：11-13.

[11] 秦元东，王春燕．幼儿园区域活动新论：一种生态学的视角［M］．北京：北京师范大学出版社，2008.

掘利用，都更加注重角色区与其他区域的共生与互补关系。

（二）探索活动价值，从学习品质角度探索角色区活动价值

学习品质是新时代教育研究的热点话题，《3—6岁儿童与发展指南》（以下简称《指南》）中也提到了要重视幼儿的学习品质。幼儿在活动过程中表现出的积极态度和良好行为倾向是其终身学习与发展所需的宝贵品质。依照《指南》，学习品质可分为好奇心与兴趣、主动性、专注与勇敢、想象与创造等，这些学习品质可以在游戏中培养，而角色区活动对培养幼儿的学习品质有着深远的意义。角色区活动中新颖的体验能够激发幼儿的好奇心，幼儿自主决定游戏情节与内容能够发展幼儿的主动性。角色区活动还可以培养幼儿的想象力和创新精神，在角色游戏中，幼儿可以充分发挥想象力，想象自己所扮演角色的语言、动作并进行模仿和创造，在游戏情节推进的过程中思考如何运用材料、语言、动作和表情来扮演游戏中的角色。以"想象"为首要特征的角色区活动最能发展幼儿想象与创造的学习品质。

（三）突出活动特征，日益注重角色区活动的自主性

目前，学者普遍认可创造性游戏对幼儿自主性发展的有效支持，也有研究表明，在创造性游戏的各游戏分支中，角色区是幼儿自主性发展的主要区域。[1] 因此，角色游戏与幼儿自主性的相关研究也在蓬勃发展。

自主性是涉及多个领域的词汇，但从哲学角度看，自主性是指行为个体能够根据自己的主观愿望与自由意志，独立做出决定，并实施、控制自身行为的特征。[2] 在角色游戏开展的过程中，幼儿是游戏的主体，他们自主想象，自己确定游戏主题，按照自己的想法布置游戏场地、选择游戏内容、设计游戏情节、推动游戏进行等，这些都体现了角色游戏中自主性的价值所在。除此之外，角色游戏本身深受幼儿的喜爱，因此更易于促进其自主性、积极性的发展。角色游戏所提供的物质环境及心理环境能让幼儿在想象与现实中随意穿行，并可以满足幼儿好问、好学、好模仿、好奇等心理需求，因而受得幼儿及教师的青睐。[3]

[1] 张瑶．创造性游戏中幼儿自主性发展研究［D］．济南：山东师范大学，2015.

[2] 丛杭青，王晓梅．何谓 Autonomy?［J］．哲学研究，2013（1）：108-115.

[3] Kagan J，Moss H A. The stability of passive and dependent behavior from childhood through adulthood［J］. Child Development，1960（31）：577-591.

第三节 角色区探索与实践中存在的问题

为真实了解角色区存在的问题，本书通过调查问卷的形式，搜集了一线教师们在角色区创设与活动指导时存在的问题。在调查问卷的研究对象中，20 岁到 30 岁的占 36.73%；31 岁到 40 岁的占 44.9%；40 岁以上的占 18.37%。在创设角色区时，有 80%的教师选择了生活模仿游戏“娃娃家”；在职业体验游戏中，有 46%的教师选择了“小吃店”，32%的教师选择了“小医院”，22%的教师选择了“小超市”。在分析以上调查问卷的基础上，得出如下结论。

一、角色区创设中存在的问题

（一）角色区物理环境创设中存在的问题

1. 空间布置问题

（1）角色区与其他区域的联动问题

在班级创建初期，教师大多会按照每个区角的教育特性，初步划分好各个区域的大致方位，同时把握区角之间的相互作用，预留角色区位置。在之后的教育教学过程中，教师会再根据幼儿的兴趣选择角色区主题。在实际的活动过程中，有 70%的教师发现，角色区与其他区域存在联动问题：由于角色区的高塑性，活动的实际操作与教师、幼儿的预想常常存在偏差，预想的区域联动并不能达到理想效果，或相邻的区域性质与角色区主题发展的方向相关性不强，甚至有时固定的地理位置也不能将其他区域的联动教育作用发挥到最大。

（2）角色区预留空间与实际活动空间的冲突问题

3—6 岁幼儿的思维以具体形象思维为主，而物质环境是精神环境的基础。以“小医院”游戏为例，在游戏的发展过程中，“小医院”内衍生出“就诊区”“等候区”“缴费区”“检验区”等不同医护类角色区。[1] 调查问卷分析显示，有 70%的教师在实际指导过程中发现角色区预留空间与实际活动空间有冲突，空间大小限制了衍生角色区的数量，导致许多角色不能出现在幼儿的游戏中，因此我们常常发现幼儿对“医院”的概念仅停留在医患关系上，其他角色得不到发展，这也是游戏内

[1] 潘嘉雯．趣玩小医院：浅谈角色区游戏“小医院”的创设与使用［J］．教育界，2020（42）：73-74.

容受限的原因之一。

2. 材料投放问题

好的角色材料承载着教育者的理念与智慧，是吸引幼儿的注意力、促进幼儿学习、引导幼儿互动、延续幼儿兴趣的重要媒介。幼儿喜好操作性强、美观、具有新颖性、品种多样的游戏材料，丰富的材料给予幼儿动手操作的机会和想象的空间。调查结果显示，60%的幼儿能够自主使用教师安排的游戏材料，10%的幼儿对材料的使用率不太高，14%的幼儿使用替代物进行创造。

在幼儿有条件自主选择材料的情况下，教师发现材料选择存在四个主要问题：第一，投放的材料单一导致幼儿不喜欢或无法真正使用；第二，低结构材料和高结构材料的数量与种类不平衡；第三，半成品材料消耗大；第四，存在材料采购经费问题。

单一的材料会使幼儿无法沉浸于游戏本身，导致游戏后期难以开展。材料的投放需要教师进行周期观察，在对材料的数量、种类、使用难易程度、幼儿的感兴趣程度进行分析后加以改进，以弥补材料匮乏、不能及时更新的缺陷。教师要有制订材料投放计划的意识。此外，材料单一带来的衍生问题就是材料种类和数量增多，但一个角色区的空间是十分有限的，如何在保证角色区的趣味性的同时避免游戏空间趋于狭小是一个值得思考的问题。

小班幼儿使用的材料以高结构材料为主，中大班根据幼儿年龄阶段和发展水平，一般逐步提高低结构材料的占比。然而，高结构材料多了，幼儿会失去探索的欲望，固定玩法增多；低结构材料多了，又不能很好地体现主题，幼儿无法真正使用。那么，根据幼儿的发展水平和年龄特点，在不同的区域，不同结构材料的占比是否也会不同？教师应当如何判断并取舍游戏材料，如何平衡高结构和低结构材料的占比？这些都是亟待解决的问题。

半成品材料是目前使用比较普遍的操作性材料。秉持环保性和经济性的原则，教师会利用家园合作的资源，收集废旧材料进行手工制作，以此来创造游戏道具。但与市面上功能齐全的玩具不同，这些游戏道具功能单一，损坏率较高，资源耗费较大，通常只能提供一段时间的游戏支持，那么如何才能增强材料的功能性呢？对于班级采购经费及采购材料的自主性，园方能够提供怎样的方案支持呢？这些也是需要思考和解决的重要问题。

（二）角色区心理环境创设中存在的问题

1. 较难激发幼儿对角色区活动的创造性

调查显示，72%的教师认为，较难激发幼儿对角色区活动的创造性是在创设角色区心理环境时遇到的最大问题。幼儿的自我中心思维决定其更注重在游戏中的体验感，更喜欢能给自己带来积极体验的角色区。对于已有角色区的物质环境，幼儿喜欢使用情绪性词汇来评价其可玩程度，例如，“有意思”“好玩”代表喜欢角色区；“无聊”“不好玩”代表不喜欢角色区。然而，在实际的教学过程中，活动的要求、内容由教师制定，幼儿在活动中束手束脚，只能通过观察教师的表情、语言、动作来获得提示，从而进行活动。这种方式限制了幼儿的活动，幼儿在活动过程中只是被动接受，内心的真实想法得不到实现。长此以往，他们就会无主见地听从于大人，过早地抑制了自身的创造性。

2. 较难保证幼儿对角色区活动的自主性

调查显示，26%的教师认为，较难保证幼儿对角色区活动的自主性是在创设角色区心理环境时遇到的最大问题。尊重幼儿的主体性就要发挥幼儿在游戏中的自主性，既要尊重幼儿选择主题的自由、选择情节的自由、选择玩具的自由、选择角色的自由，又要让幼儿自由地讲评自己的游戏。[1] 在中小班阶段，教师往往以游戏指导者的姿态引导幼儿游戏，急于关注幼儿是否在游戏中有所收获，而忽视了幼儿的自我发展。教师的目光往往聚焦在游戏是否顺利进行，幼儿是否按照预设轨迹发展，这样容易导致幼儿想方设法按照教师设定的轨迹走，“看教师的眼色行事”，久而久之便会用教师的情绪来评判自己表现的好坏，其自我满足、自我探索、自我创造的权利在自主游戏活动中得不到良好的体现。因此，教师一定要让自主性游戏充分实践，让幼儿自行设定游戏规则和开展游戏，让幼儿成为自主性游戏真正的主导者。

二、角色区活动指导中存在的问题

（一）活动主题单一

调查显示，认为主题确立需要结合师幼兴趣、需要的占78%，教师应有意识引导幼儿参与主题选择。社会的发展正在催生许多新兴产业，在网络和新媒体的影响下，幼儿可能会选择全新的角色领域，而很多时候幼儿感兴趣的主题游戏并不具备很强的可玩性，多次重复后会逐渐产生倦怠感，对游戏的思考也将停留在表面。新兴角色区的开发价值可能比较低，导致游戏发展受限，纵使有教师的理性思考介入，也很难进行下去。角色区的布局、主题建设、规划发展、教育意义及幼儿和游戏的适配性对于教师来说都是需要深入思考和反复斟酌的因素。

（二）教师干预性强

调查显示，64%的教师的目光会落在游戏的进展程度、主要角色的游戏流程、

[1] 刘焱. 儿童游戏通论［M］. 北京：北京师范大学出版社，2004.

活动中出现的问题或想法上。他们关注的是整个角色区活动是否能有序开展，是否能对幼儿产生更大的教育价值，是否能让大多数幼儿沉浸其中并获得快乐。

在游戏指导方面，部分教师过于关注游戏流程，将自己作为游戏的主要引导者，而忽视了幼儿的游戏体验，降低了游戏的引导效果。部分教师习惯性地使用交叉式介入法，直接站在教师角度来指导幼儿游戏，这样的方式干预性较强，游戏可能因此中断，影响幼儿的游戏体验感。

教师是游戏的支持者、引导者、合作者，更是游戏的观察者。他们通常使用定点观察法和追踪式观察法，并采用简单的文字、图表和多媒体形式进行相关记录。教师的观察重点应保持在“幼儿角色区活动的过程”“幼儿的动作和行为”“幼儿在游戏中遇到了什么问题及问题如何解决”三个方面。

（三）指导时机不适当

在角色区活动中，教师要通过观察，理解幼儿的活动意图、思维方式，并对幼儿的活动水平做出正确的判断。约有54%的教师不清楚在进行角色区活动指导时什么时候介入最恰当。很多时候教师会习惯性地给出指导意见，这样很容易让幼儿不知所措，从而体现不出活动的价值。比如，角色游戏是创造性的游戏，需要足够的、连续性的时间和空间，让幼儿发挥想象力。教师过多的指导会让幼儿的游戏行为受到限制，导致从游戏主题的确立、环境的创设到游戏过程的开展都由教师控制着。目前多数幼儿园规定角色区活动时间，幼儿在确定好的主题中按照教师的指导进行活动，这样的做法很难调动幼儿对角色区活动的创造性与积极性。

（四）指导内容不全面

对于角色游戏的指导内容，90%的教师着眼于指导游戏规则、秩序，78%的教师会指导游戏情节，65%的教师会指导游戏角色和游戏材料。经过前期的主题预设、规则设立，大部分幼儿能够在教师的指导提示下有序开展活动。74%的教师苦恼于发现问题后，不知道如何指导幼儿才更有效。

三、角色区活动评价中存在的问题

目前，教师对活动的评价更多的是问题灵活转换评价，主要以幼儿评价为主，以教师评价为辅。教师在评价时更注重游戏的完整性，体现在游戏过程中幼儿是否做好了该角色的任务及游戏结果是否得到呈现，通过观察幼儿在游戏中反映的生活经验、幼儿在游戏过程中的选择、幼儿使用游戏材料的水平，以及幼儿的交往能力、动手能力、问题解决能力，判断幼儿游戏技能的发展水平。然而，幼儿在游戏中的角色意识评价应主要以幼儿的感知为主，同伴间的评价更能反映幼儿细节上的进步。

缺少教师有效的问题引导，会导致幼儿同伴间评价仅停留在表面或者一些无关紧要的小细节上，更加侧重于从自身的角色意识角度去评价活动过程。如果评价缺少幼儿的讨论，缺少幼儿对活动过程的思考，则幼儿就很难取长补短，会导致幼儿的经验重复或者游戏技能提升较慢。

第二章 价值引领 有的放矢

——角色区经验价值

本章概要

在角色区活动中，幼儿可以充分发挥想象力，创造性地模仿现实生活，这既为幼儿提供了再现人与人之间的关系的机会，又为幼儿形成良好的社会交往能力打下了基础。本章立足幼儿的年龄特点、兴趣爱好和生活经验，从发展的角度分析角色区的核心价值与联动价值。

思维导图

- 角色区经验价值
  - 角色区经验价值概述
    - 核心价值与联动价值
    - 价值分析的意义
  - 角色区经验价值分析
    - 小班角色区
    - 中班角色区
    - 大班角色区
  - 从经验价值到角色区活动
    - 小班角色区
    - 中班角色区
    - 大班角色区

第一节　角色区经验价值概述

区域活动是当前教师培养幼儿热爱科学、提升幼儿个性素养的一种主要教学手段，其独特的价值也越来越受到重视。对于幼儿来说，他们的学习不是简单地听知识、记知识，而是实实在在地“做”知识，在与环境的相互作用中发现问题、解决问题，从而获得属于自己的经验。然而，经验是什么呢？它有价值判断标准吗？杜威、皮亚杰都是经验主义者，他们认为儿童有了经验以后才建立起知识体系，才体现出经验的价值。陈鹤琴先生的“五指课程”理论认为，所有的生活经历都可以成为幼儿教育的经验。《指南》把“经验”确立为幼儿课程的主要内容。我们对角色区学习体系的建设自然也要从经验开始。经过大量的文献分析与实践研究，我们认为角色区的经验价值有一定的范畴，具体体现在核心价值和联动价值两个方面。

幼儿发展效果是评价区域活动质量的主要指标，而幼儿的发展主要是经验的发展，即发展幼儿所需要的经验。所以，分析区域活动的经验价值具有重要的意义。区域活动的经验价值包含核心价值和联动价值。

区域活动的核心价值是指各区域活动所具有的、区别于其他区域的主要、独特的价值，主要指向该区域活动所关联的领域。本书中的角色区的核心价值特指幼儿在角色活动的过程中通过体验不同角色而获得的独一无二的价值与意义，也是教师创设活动、指导活动的关键和依据。

区域活动的联动价值是指各个区域都在一定程度上具有对幼儿发展的普适价值

（非独特）和不是由该区域主要实现的经验价值（非主要）。普适价值是各个区域都具备的经验发展价值，如人际交往、语言交流、情感体验、行为习惯、礼仪规则等社会技能，以及好奇好问、认真专注、不怕困难、勇于尝试等学习品质；非主要价值即在该区域中涵盖这些经验，但这些经验并非该区域主要去实现的，也不是主要在该区域活动中实现的。本书中的角色区的联动价值特指儿童活动以角色区某个主题为主，以其他区域活动为辅，通过区域之间的互动达成的发展目标。

第二节 角色区经验价值分析

一、小班角色区的经验价值分析

（一）核心价值与联动价值（表 2-1、表 2-2）

表 2-1 小班角色区的核心价值

类别	核心价值
社会	人际交往： 在“娃娃家”和“小医院”里，在身边的人生病或不开心时表示同情 社会适应： 1. 有兴趣参加角色区游戏； 2. 知道“娃娃家”中家庭成员的角色，体会到自己是家庭的一员
语言	倾听与表达： 1. 游戏交流时，能注意听别人对自己说话并做出回应； 2. 能在角色扮演中听懂日常会话； 3. 愿意表达自己的需要和想法，必要时能配以手势动作； 4. 与别人讲话时知道要看着对方； 5. 能在成人的提醒下，在主题下做“娃娃家”游戏时使用恰当的礼貌用语，如拜年贺词；在“小医院”“小吃店”游戏中能用“请”“谢谢”这类礼貌用词

表 2-2 小班角色区的联动价值

类别	联动价值
社会	1. 愿意和小朋友一起游戏； 2. 想去“娃娃家”做客、去“小吃店”游戏时能友好地提出请求和询问； 3. 在“小吃店”里为自己做完一个“食物”而开心，在“小医院”里因帮助“病人”看好病而高兴； 4. 在成人指导下，不争抢、不独霸玩具； 5. 与同伴发生冲突时，能听从成人的劝解； 6. 能根据自己的兴趣选择游戏或其他活动；

续表

类别	联动价值
社会	7. 在“小医院”或“娃娃家”里喜欢完成一些小任务； 8. 在游戏中知道不经允许不能拿别人的东西，借别人的东西要归还； 9. 在成人提醒下，爱护玩具和其他物品，不将“娃娃”乱扔在地上
语言	1. 与别人交流时说话自然，声音大小适中； 2. 在“小医院”里用涂涂画画的方式表示“开处方”，在“小吃店”里用涂涂画画的方式自制“菜单”
艺术	喜欢听音乐或观看舞蹈、戏剧等表演
健康	在游戏中、游戏后能将玩具和图书放回原处
科学	1. 对于自己不清楚的事情可以提出各种问题，或好奇地摆弄物品； 2. 在“小医院”里运用多种感官或动作去观察“病人”，关注动作所产生的结果； 3. 能感知和发现物体和材料的软硬、光滑或粗糙等特性； 4. 感知和发现周围物体的形状是多种多样的，对不同的形状感兴趣； 5. 体验和发现生活中很多地方都用到数字； 6. 能感知和区分物体的大小、多少、高矮、长短等量方面的特点，并能用相应的词语表示； 7. 能通过一一对应的方法比较两组物体的多少； 8. 能手口一致地点数 5 个以内的物体，说出总数，并能按数取物； 9. 能注意物体较明显的形状特征，并能用自己的语言描述； 10. 能感知物体基本的空间位置与方位，理解“上、下”“前、后”“里、外”等方位词

（二）核心价值与联动价值分析案例

我会做菜

情境描述

今天菲菲选择了在“娃娃家”玩游戏，她从材料筐里拿出了很多的蔬菜，然后又拿起一把刀将胡萝卜等蔬菜一一切碎，再放进锅里面煮。锅里面的蔬菜都满出来了，老师告诉她锅里煮不下了，会溢出来，于是她用手在锅里扒拉了几下，说：“苦瓜不要了。”然后把苦瓜拿出来，放到了筐里面。

旁边的善善看到了说：“菲菲，你在做什么？”菲菲说：“我在做菜呀！”等锅里的菜煮好后，菲菲从柜子里面拿出一摞碗，然后准备把锅里面的蔬菜放在碗里。老师提醒她说：“刚煮好的菜很烫哦，你可以用勺子舀，这样的话，干净又卫生。”然后菲菲就拿起一个碗，舀了一根胡萝卜放在碗里，接着又要舀一个长长的玉米，但不太好舀，碗里也放不下。老师说：“你可以看看玉米有多长，选择一个可以装得下的盘子。”然后菲菲就挑了最大的碗，说：“用这个试试看。”她用勺子把最大的玉米舀进了最大的碗里，端到桌上放好。

幼儿正在“切菜”

幼儿正在“做饭”

案例分析（表 2-3）

表 2-3　小班案例活动分析

活动环节	核心价值	联动价值
幼儿在游戏中很专注，在很长时间内一直沉浸在“做菜、煮菜、分菜”的游戏过程中，和同伴有交流互动	别人对自己说话时，幼儿能注意听并做出回应	幼儿为自己的良好行为和活动成果感到高兴
在游戏中，教师提醒幼儿注意使用锅和碗时菜不要塞太满	幼儿能够主动回应教师，并听取教师的想法	幼儿能通过观察、摆弄去探索食物的盛放方法，并发现菜放得太满了
幼儿在盛玉米的时候发现碗太小了，并在教师的提醒下重新选择合适的碗盛放玉米	教师在对自己说话时，幼儿能注意听并做出回应	幼儿能通过仔细观察，发现物体的大小、形状等特点，知道菜量的大小应该与盘子的大小相匹配

（苏州大学附属吴江幼儿园　田云环）

二、中班角色区的经验价值分析

（一）核心价值与联动价值（表 2-4、表 2-5）

表 2-4　中班角色区的核心价值

类别	核心价值
社会	人际交往： 1. 愿意和同伴进行交流游戏； 2. 能在游戏中与同伴友好相处； 3. 会关心、尊重他人 社会适应： 1. 喜欢并适应群体生活； 2. 在“小医院”中完成“看病”“取药”等

续表

类别	核心价值
语言	倾听与表达： 1. 能认真听并听懂常用语言； 2. 愿意讲话并能清楚地表达； 3. 具有文明的语言习惯 阅读与书写准备： 1. 喜欢听故事、看图画书； 2. 具有进行书面表达的愿望和初步技能
科学	数学认知： 1. 初步感知生活中数学的有用和有趣； 2. 感知和理解数、量及数量关系； 3. 感知形状与空间关系

表 2-5　中班角色区的联动价值

类别	联动价值
社会	1. 在角色游戏中，对于大家都喜欢的东西能轮流玩、分享； 2. 活动时愿意接受同伴的意见和建议； 3. 知道父母的职业，能体会到父母为养育自己所付出的辛劳
语言	1. 能结合游戏情境，掌握必要的交流礼节，在客人来访时能打招呼、表达谢意等； 2. 能随着故事的展开产生喜悦、担忧等相应的情绪反应，体会故事所表达的情绪情感
艺术	1. 能专心观看自己喜欢的文艺演出或艺术品，有模仿和参与的愿望； 2. 经常唱唱跳跳，愿意参加唱歌、跳舞等表演活动； 3. 能通过即兴哼唱、即兴表演或给熟悉的歌曲编词来表达自己的心情
健康	1. 在角色游戏中，愿意把自己的情绪告诉给亲近的人，分享快乐或求得安慰； 2. 能较快适应人际环境中发生的变化
科学	1. 乐于动手、动脑探索未知的事物； 2. 会用数词描述事物的排列顺序和位置； 3. 初步感知常用科技产品与自身生活的关系，知道使用科技产品有利也有弊

（二）核心价值与联动价值分析案例

我会榨果汁

情境描述

秋天，果实都成熟了，西西带了很多橘子来幼儿园，说妈妈在家里给她榨了很多橘子汁，很好喝，她想带一些到学校里来继续榨果汁，和小朋友们一起分享。于是，老师收集了榨汁机和舂钵投放进“娃娃家”，给小朋友们提供更多真实的体验和感受。“爸爸、妈妈和宝宝”一起进行剥橘子皮、去橘子籽、榨汁、过滤的榨果汁活动。西西第一次榨橘子汁时，把橘子剥好皮放进榨汁机里榨，结果榨出来的橘子汁里有很多橘子果肉没有被打碎，更像“橘子粥”。

在榨橘子汁的过程中，孩子们榨出来的汁很浓稠，华华提出来说：“橘子汁应该是像橘子水一样的，这个里面怎么有这么多东西呀！”说着，他捏了捏“橘子粥”，捏出来很多果肉。榨果汁后，西西和华华品尝了自己榨的果汁，还请同伴们喝果汁，华华说：“我们的果汁很好喝，很甜，但是不能多喝哦。”西西附和说：“对，不能喝很多，喝多了会肚子不舒服。”

幼儿切水果准备榨汁

幼儿榨果汁

幼儿等待出果汁

案例分析（表2-6）

表2-6　中班案例活动分析

活动环节	核心价值	联动价值
幼儿第一次尝试榨果汁，在榨果汁时发现榨出来的果汁里还有果肉，称之为“橘子粥”	1. 能主动使用礼貌用语，根据扮演角色的特点用不同的语气、语调来表达所发生的事情； 2. 敢于尝试有一定难度的活动和任务	1. 能感知和区分果汁与果泥，并能用相应的词语进行描述； 2. 能感知和发现橙子在榨汁过程中形态的变化
幼儿在品尝果汁的过程中知道适量饮用，并能提醒同伴	1. 愿意与他人交谈，喜欢表达自己的感受； 2. 讲述比较连贯	知道果汁好喝但是不能多喝

（苏州大学附属吴江幼儿园　周洁）

三、大班角色区的经验价值分析

（一）核心价值与联动价值（表 2-7、表 2-8）

表 2-7 大班角色区的核心价值

类别	核心价值
社会	人际交往： 1. 能想办法吸引同伴和自己一起游戏； 2. 尊重为大家提供服务的人，珍惜他们的劳动成果 社会适应： 能培养角色意识，发展与角色相关的情感和责任感
语言	倾听与表达： 1. 愿意与他人讨论问题，敢在众人面前说话； 2. 讲述时能使用常见的形容词、同义词等，语言比较生动； 3. 别人讲话时能积极主动地回应； 4. 懂得按次序轮流讲话，不随意打断别人； 5. 能依据所处情境使用恰当的语言，如在别人悲伤时会用恰当的语言表示安慰
艺术	感受与欣赏： 喜欢模仿自然界和生活环境中有特点的声音，并产生相应的联想 表现与创造： 1. 能用基本准确的节奏和音调唱歌； 2. 能自编自演故事，并为表演选择和搭配简单的服饰、道具或背景； 3. 能用动作语言描述音乐内容与形式； 4. 能具有旋律轮廓线地歌唱； 5. 用身体动作表达出音乐节拍的稳定特质和音乐的句子与段落

表 2-8 大班角色区的联动价值

类别	联动价值
社会	1. 能与同伴分工合作，遇到问题困难能一起克服； 2. 和同伴意见不同时，能倾听和接受别人的意见，不能接受时会说明理由，并敢于坚持自己的意见并说出理由； 3. 能关注别人的情绪和需要，不欺负别人，也不允许别人欺负自己； 4. 主动承担任务，遇到困难能坚持而不轻易求助； 5. 理解规则，能与同伴协商制定活动规则
语言	1. 听不懂或有疑问时能主动提问； 2. 能在游戏情境中理解一些表示因果、假设等相对复杂的句子； 3. 能连续、连贯、清楚地讲述一件事； 4. 在游戏中懂得按次序轮流讲话，主动回应对方并且不随意打断别人； 5. 签名时会正确书写自己的名字，并且姿势正确
艺术	1. 能用多种工具、材料或不同的表现手法表达自己的感受和想象； 2. 喜欢模仿自然界和生活环境中有特点的声音，并产生相应的联想

续表

类别	联动价值
健康	1. 能使用简单的游戏工具或用具； 2. 知道饮水、护眼、爱牙等基础的健康知识； 3. 能按类别整理好物品
科学	1. 能经常动手动脑寻找问题的答案； 2. 能通过观察、比较与分析，发现并描述不同种类物体的特征或某个事物前后的变化； 3. 能用一定的方法验证自己的猜测； 4. 能用数字、图画、图表或其他符号记录； 5. 能通过实物操作或其他方法进行 10 以内的加减运算； 6. 借助角色区的情景创设和实际操作理解“加”和“减”的实际意义

（二）核心价值与联动价值分析案例

我是小医生

情境描述

娜娜和小智来到“小医院”当起了“小医生”。小智先穿上医生的服装，然后再给自己“洗手消毒”。过了一会儿，来了几个“小病人”，娜娜还没来得及穿上“小医生”的衣服就跑到“挂号”窗口准备给“小病人”挂号。娜娜问道：“你哪里不舒服？”小 A 说：“我好像感冒了。”小 B 说：“我头有点痛。”娜娜一边在“挂号单”上写着，一边说：“那你们进去让我们的医生给你们看一看吧。”

小智把听诊器戴在耳朵上，先听了听小 A 的心跳和肺部，然后说：“嗯，你是感冒了，需要打针、吃药。”接着，小智把“小病人”的衣袖卷起来，在他的手臂上拍拍、揉揉，最后将“针筒”插入“小病人”的手臂。小智打完针后还安慰“小病人”道：“没事的，过一会儿就不疼了，你一定要摁住那个打针的地方啊，不然会流血的。你现在可以去旁边休息一会儿了，然后去药房拿药，药房的人会告诉你这个药怎么吃的。”“小病人”点了点头。然后小智说：“下一个病人请进。”

小 A 来到“取药处”，西西接过她的“挂号单”，看了看说：“你感冒了，吃点感冒药，每天吃三次，每次吃一粒，别忘了。”

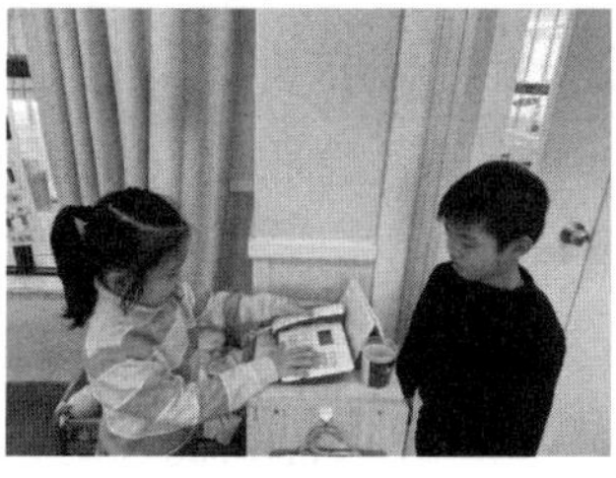

“小病人”在“挂号窗口”挂号

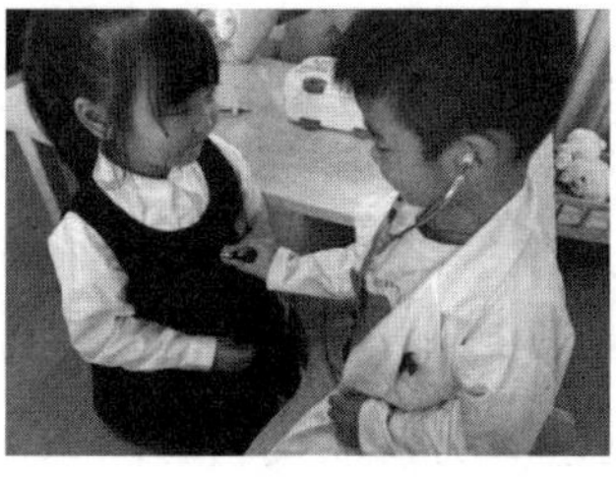

“小医生”用听诊器诊治

“药房医生”开药

案例分析（表 2-9）

表 2-9　大班案例活动分析

活动环节	核心价值	联动价值
发现有“小病人”到来后，娜娜赶快去到“挂号窗口”，并进行询问、记录	1. 有角色意识，了解医院各环节的分工和工作，知道与自己角色相关的职责； 2. 能根据游戏情境使用恰当的语言进行礼貌询问，并且做好“挂号单”的记录	能看懂“挂号单”，能用符号、数字进行标注记录
“小病人”就诊后，小智给“小病人”说清楚症状及治疗方案	1. 能有序、连贯、清楚地讲述看病结果和治疗方案； 2. 能依据情境对“小病人”说一些安慰的话； 3. 能有礼貌地与人交往； 4. 能正确使用听诊器	在与同伴玩游戏的过程中表现得积极、快乐

（苏州大学附属吴江幼儿园　龚雯婷）

第三节　从经验价值到角色区活动

以上对幼儿园角色区的经验价值进行了具体分析，这些核心价值和联动价值的获得离不开教师所创设的角色区活动。教师根据经验价值设置角色区环境、投放相应的材料、设计角色区活动，实现从经验价值到角色区活动的运用过程。

一、经验价值在小班角色区活动中的体现

小班幼儿处于 3—4 岁的年龄阶段，下面以班级角色区“娃娃家”游戏为例，链接《指南》，从社会领域和语言领域的发展角度初判小班角色区活动的经验价值。

（一）小班角色区活动的核心价值

1. 指向自我的发展

在小班角色区中，指向自我的发展是指以幼儿自我为核心，具有初步的自我情绪管理、自我物品管理和自我学习品质的发展。小班幼儿中会出现将喜欢的玩具占为己有、乱发脾气的现象，但在玩“娃娃家”游戏的过程中，幼儿会根据自己的角色进行自我管理。例如，小 A 在一次游戏中扮演哥哥的角色，“弟弟”在家里开心地玩着自己喜欢的奥特曼玩具，他也想玩，但是他没有直接动手争抢，而是对“弟弟”说：“弟弟，哥哥也想玩这个玩具，我们可以一起玩吗?”“好啊，我们一起玩，这个是塞罗奥特曼。”“弟弟”马上同意了，没有独霸着玩具，并与“哥哥”一起商

量怎么玩。游戏结束后，几个幼儿一起把玩具放回游戏架。在这个案例中，幼儿都能与同伴友好地相处，能根据自己的兴趣选择游戏内容，当“哥哥”想玩“弟弟”的玩具时，“哥哥”可以友好地表达自己的需要和想法并提出请求，“弟弟”也很有礼貌地倾听“哥哥”的想法并做出回应。游戏结束时，他们能主动地将玩具归位、整理好。

2. 指向他人的发展

语言发展导致了行为的社会化，从而导致思维动作不再只和产生思维的自我联系。[1] 在角色区活动中，指向他人的发展是以语言交流为媒介的，在活动中发展幼儿的人际交往、人际情感和人际认知能力。人际交往主要体现在幼儿在“娃娃家”游戏中对家庭成员交往规则的遵守和灵活应用。人际情感体现在幼儿在“娃娃家”游戏中能察觉到其他家庭成员的情绪变化及变化原因。人际认知体现在幼儿在“娃娃家”游戏中对其他家庭成员有所了解，能区分角色，并在这个过程中了解游戏同伴的优点与不足，实现自身在同伴群体中的社会化发展。

3. 指向文化的发展

指向文化的发展主要是指小班幼儿在角色区活动中家庭认知、家庭归属和家庭情感的发展。比如，在“娃娃家”角色区中，指向文化的发展主要是指在教师的引导下，小班幼儿能联系生活经验，对“娃娃家”游戏中的角色定位有更多的了解，愿意与同伴一起组成家庭。家庭认知主要是对“娃娃家”游戏中的游戏规则和家庭角色的基本认识与了解。家庭归属主要是指知道和自己一起生活的家庭成员与自己的关系，对家庭有归属感和认同感，认识到自己是家庭的一分子。家庭情感是指在家庭中喜欢承担一些自己能做的小任务，能感受其他家庭成员的情绪变化，并能对此进行适当的表达。

（二）小班角色区活动的联动价值

小班角色区的联动价值是以幼儿主体所在的角色区活动为主，以其他角色区域活动为辅，在游戏活动中达到幼儿发展目标。以“娃娃家”为例，根据小班幼儿的年龄特点，教师会同时创设 2—3 个“娃娃家”，且区域内的材料投放、环境布局大致相同，幼儿在平行的区域互动中增强了人际交往能力、语言表达能力、生活自理能力和科学探究能力。

例如，班级中开设有“红红家”“黄黄家”“蓝蓝家”三个角色区，一一是“红红家”的“妈妈”，她看到“黄黄家”的“妈妈”姗姗带着“宝宝”出去了，很好奇，问道：“姗姗，你们要去哪儿?”“今大大气真好，我们要去野餐，我准备

[1] 皮亚杰．儿童的心理发展［M］．傅统先，译．济南：山东教育出版社，1982：41.

了汉堡包呢。”姗姗回答。“我能不能和你们一起去啊？”一一笑着说。“当然可以啦，我们等你们一起去。”姗姗马上答应了。一一立马到“厨房”拿了一个筐，在里面放上一个“披萨”和几个刀叉，然后抱上自己家的“宝宝”一起去“野餐”了。

二、经验价值在中班角色区活动中的体现

中班幼儿处于4—5岁的年龄段，他们常常是一边游戏一边想下面的游戏情节，还不具备事先计划、商量、设计游戏过程的能力。下面以班级角色区“小医院”为例，链接《指南》，从语言领域、社会领域和科学领域的发展角度初判中班角色区的经验价值。

（一）中班角色区活动的核心价值

1. 语言领域的发展

语言领域的发展主要包括倾听与表达、阅读与书写两个方面。在中班“小医院”的角色区活动中，倾听与表达主要表现在幼儿进入“医院”这个公共角色情境中时，能主动使用礼貌用语，根据扮演角色的特点用不同的语气、语调来表达所发生的事情。阅读与书写主要是指在“小医院”中，幼儿为了推动游戏的发展而自然形成的行为，是有价值的语言发展行为。例如，幼儿能根据“十”字的符号知道这里是“医院”，并根据指示牌上的标识知道哪儿是挂号、看病、取药的地方，“医生”能根据“病人”的情况在“病历本”上进行简单的记录书写。

2. 社会领域的发展

社会适应是幼儿社会领域发展的重要组成部分。在“小医院”的角色情境中，社会适应特指幼儿能主动参与“医院”的活动，并基本遵守“医院”的行为规则。如果注意到他人情绪不好，“工作人员”“医生”“病友”能有体贴的表现，了解对方的需要，并提供适当的关心和帮助。通过“小医院”的角色游戏，幼儿可以了解、体验医院所带来的便利和服务，并懂得尊重他人。

3. 科学领域的发展

角色区活动的开展离不开幼儿的生活经验，幼儿科学领域的发展同样要与其生活紧密相连。在“小医院”游戏中，科学领域的发展主要是指为了游戏的推进而自然渗透进来的科学探究和数学认知。“医院”里的药片品种非常多，幼儿在存放时会通过方位和数字来标识。例如，“统计单”上记录着“消炎药”（1-上3-2），意思是“消炎药”为1号柜子从上往下数第3行第2个药，“医生”配好药之后，“病人”自主在“药房”的“统计单”上查询并领取“药品”。

（二）中班角色区的联动价值

中班角色区的联动价值体现在以某一个角色区域的活动为主，以其他角色区的活动为辅来开展活动。例如，从幼儿的生活经验出发，中班幼儿在上学期最常出现的联动区域就是“小医院”和“娃娃家”。当“宝宝”生病的时候，家庭成员分工明确，“妈妈”会抱着“宝宝”，“奶奶”整理要去“医院”的东西，“爸爸”开着车出发去“医院”。到了“医院”后，“奶奶”和“妈妈”照顾“宝宝”，“爸爸”去排队“挂号”。“医生”看病问诊时，家里的“大人”有礼貌地回答问题，结束的时候和“医生”说再见，并“拿着药方自主取药”。如果病情严重，“医生”会建议“宝宝”打针，有的“宝宝”会害怕地哭闹，“路过的人”会帮忙一起逗逗“宝宝”或者唱个歌给“宝宝”听，缓解其焦虑害怕的情绪。在这两个不同主题的角色区活动中，中班角色区的联动价值更多地体现为社会领域、语言领域和科学领域的发展。

三、经验价值在大班角色区活动中的体现

大班幼儿处于5—6岁的年龄段，相对于小中班幼儿，在进行游戏时能更主动地投入角色游戏中，并且可以较长时间沉浸其中，感受到游戏带来的快乐。大班幼儿的角色游戏经验较丰富，游戏主题也较多样化，游戏的内容充实、有新意，角色较多，能体现一定的社会性；幼儿独立游戏的能力强，可以在游戏前自行设计游戏情节，通过协商分配角色。下面通过挖掘幼儿在角色区的主要表现，以《指南》为依据，从社会领域、语言领域和艺术领域的发展角度初判大班角色区的经验价值。

（一）大班角色区活动的核心价值

1. 社会领域的发展

在角色区活动的主题选择上，大班幼儿能与同伴协商，共同确定游戏主题，在游戏过程中做到主题明确且专注。在角色扮演的过程中，大班幼儿有明确的角色意识，能把自己对角色的观察与理解融入游戏；能以扮演的角色身份在游戏中与其他角色积极自如地互动。在游戏推进的过程中，大班幼儿能有意识地设计比较丰富的游戏情节，在遇到问题时能与同伴一起尝试解决问题，创造新的游戏情节，推动游戏发展。在规则意识的培养上，幼儿能与同伴一起建立游戏规则，并自觉遵守规则。此外，还能快速地归类、摆放玩具和整理游戏场地。

2. 语言领域的发展

在角色区活动的进行过程中，大班幼儿能主动与同伴交流，实现多方互动；在确定主题、分配角色、设计情节、遇到问题时，愿意听取同伴的想法，主动沟通、

协商，较快地解决问题和处理纠纷。

3. 艺术领域的发展

在角色区活动的环境创设上，大班幼儿的主体性逐渐增强，能紧紧围绕主题，有目的地选择材料，并根据活动需要，自如、随机地利用身边的物品装扮角色区。

（二）大班角色区活动的联动价值

在本书中，大班角色区的联动价值是指大班幼儿以角色区活动为主，与班级其他区活动进行互动而达到的领域目标。以角色区“超市”和美工区的联动为例，在国庆节来临之际，“超市”里将开展多种促销活动，为了更好地营造国庆氛围，“超市”里的幼儿主动发起活动，和美工区联手，共同完成“超市”的环境创设。角色区“超市”里的幼儿首先对“超市”的促销活动进行商讨，并将制订出的促销方案与美工区的幼儿进行沟通，美工区的幼儿积极回应，在如何布置方面适当提出建议，最后大家达成共识，合作完成“超市”的国庆节促销活动氛围营造。在两个不同区域活动互动的过程中，大班角色区的联动价值更多地体现在语言领域、社会领域和艺术领域的发展。

第三章 系统规划 润物无声

——角色区空间规划与环境创设

本章概要

本章主要阐述角色区空间规划与环境创设的意义，以及如何在考虑到幼儿的可互动性、有引导性、可参与性等方面进行角色区空间规划与环境创设。重点围绕各年龄阶段幼儿的学习特点和发展需求，阐述角色区空间规划与环境创设的策略，并加入具有园本特色的延续性的中班混班角色区和打破班级、年龄限制的全园混龄角色区，分别从区域的空间分配要满足幼儿的需求，区域的有效设置要满足区域的特点，创意布局，多维度利用、灵活设置，多角度延伸等多个方面进行阐述。

思维导图

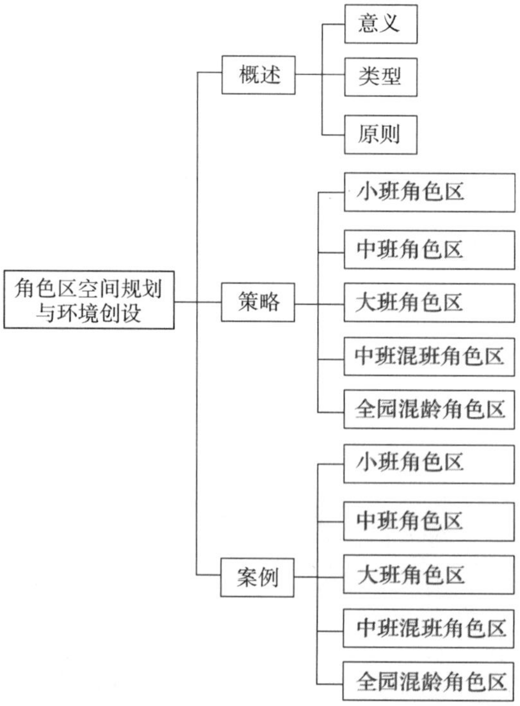

第一节　角色区空间规划与环境创设概述

作为幼儿最喜欢的区域之一，角色区的空间规划与环境创设不同于其他区域，有着更多的主题、场景的区分，更能体现幼儿的个性。幼儿在角色区游戏时，往往与区域环境有着更多的关联和互动，因此，角色区空间规划与环境创设更为复杂，要求也更高。

创设有趣、适宜的角色区空间与环境，能为幼儿提供开放、自由的游戏空间和机会，更好地引发幼儿参与和互动，提高游戏的质量，同时加深幼儿对不同角色的了解，提升其人际交往能力和解决问题的能力，增强幼儿在角色区活动中的愉悦感、沉浸感，促进幼儿的创造性、社会性发展。

一、角色区空间规划与环境创设的意义

角色区空间规划与环境创设的意义在于促进幼儿的全面发展，包括动手动脑能

力、语言交往能力、知识探索欲望水平的提升。作为幼儿园区域创设的一部分，角色区的空间规划与环境创设可以确保幼儿在安全、有趣且富有启发性的环境中学习和成长。角色区的空间被有效地划分和利用，可以为幼儿提供多样化的游戏和探索体验。良好的角色区环境还有利于营造和谐、自由、轻松的教育氛围，有利于推动幼儿教育朝着多样化、个性化方向发展。

角色区环境创设的过程，是幼儿与教师共同参与、合作的过程。区域环境的教育性不但蕴含于环境之中，而且蕴含于环境创设的过程中。幼儿在区域活动中通过与环境的相互作用，由单纯的操作者变成互动的参与者，这有利于培养其任务意识，提升其有目的学习知识和技能的能力，分工合作、讨论决策的能力，以及发现并解决问题的能力，有利于其自主性的形成。同时，丰富、有趣的角色区环境可以激发幼儿参与活动的兴趣，激发幼儿与幼儿、幼儿与环境、幼儿与材料之间的不断互动和对话，促进幼儿全面发展。

二、角色区空间规划与环境创设的类型

角色区是幼儿进行角色游戏的区域，环境创设类型多以反映家庭生活的为主，如“娃娃家”“小吃店”等。其他以反映社会生活为主题的社会类角色区，如“医院”“超市”“理发店”“茶舍”“邮局”“菜市场”“银行”等，都是幼儿熟悉的日常生活场景及社会公共场所。

角色区可以通过创设“区中区”来设置具有不同功能和特点的游戏小区，如：在“娃娃家”角色区中，可以设置“厨房区”“卧室区”“客厅区”等；在“医院”角色区中，可以设置“挂号区”“眼科区”“牙科区”等；在“理发店”角色区中，可以设置“洗发区”“吹发剪发区”“染发烫发区”等；在“超市”角色区中，可以设置“零食区”“生活用品区”“蔬菜肉类区”等；在“花店”角色区中，可以设置“手工制作区”“展示区”“插花区”等。“区中区”的创设思路可以让幼儿在游戏中更好地进入角色和扮演角色，并在环境的提醒下有目的、有序地做事。在划分和布置区域空间时，可以使用柜子、屏风、网片、展示架等进行适当的隔断和连接，使其既有区域感又不单一，既有分隔又有联动，真正实现角色区的扮演与交往功能。

三、角色区空间规划与环境创设的原则

1. 安全性原则

幼儿年龄小，生活经验不足，而且缺乏对安全隐患的预知和判断能力，安全意识和自我保护能力较弱，因此，角色区的空间规划与环境创设应首先考虑安全性问题。

这既是幼儿身心健康的基本保障，也是促进他们全面发展的基本条件。角色区的大部分材料源于家长资源，因此在收集和投放材料时一定要进行筛选与处理，比如，往“娃娃家”投放护肤品、洗漱用品前一定要经过清洗和处理；为“医院”收集废旧药品盒子、瓶子时一定要进行检查，确保在无剩余药物且安全的情况下投放使用。

2. 适宜性原则

适宜性原则是指角色区空间规划与环境创设既要符合幼儿的年龄特点和身心发展需要，又要符合幼儿园的实际情况，与幼儿园的自身特点、优势和发展需要相符合，做到因人而设、因地制宜。

（1）要符合幼儿的年龄特点和发展需要

幼儿园环境是否适宜体现在环境中的元素及其蕴含的要素是否符合幼儿的学习特点和规律，是否符合幼儿的审美标准，是否有利于促进幼儿的发展。角色区空间规划与环境设置要能被幼儿喜欢和接受，要能引发他们的兴趣，激发他们探索和参与的欲望。

（2）要与幼儿园的自身特点、能力和发展需要相符合

创设物质环境应最大限度地以促进幼儿发展为前提，并考虑经济实用性。要根据当地实际情况来布置和创设环境，充分利用当地资源，就地取材。例如，农村幼儿园可以把特有的树叶、树枝、木片、果实、蔬菜等自然资源利用起来，沿海沿湖一带幼儿园可以把贝壳、蟹壳、渔网等物品放进角色区进行环境创设。

3. 参与性原则

参与性原则是指需要教师、幼儿和家长的共同参与。除了要积极创设幼儿熟悉和喜爱的环境外，还要调动幼儿和家长的积极性，让他们主动参与到环境的布置中去。例如，在小班“娃娃家”活动中，可以鼓励幼儿将自己小时候的照片、玩具、手工花等布置在“娃娃家”里，在激发幼儿兴趣的同时满足幼儿的心理需求，增强其参与的积极性。

4. 可变性原则

可变性原则是指环境的创设要根据教育要求和幼儿的发展需要不断变化。幼儿年龄较小，有意注意维持的时间较短，一成不变、单调枯燥的环境容易令幼儿疲倦，难以发挥应有的作用。因此，角色区空间规划与环境创设要尽量进行一定的变化。落实可变性原则要注意以下几点：

首先，可根据季节变化来更新角色区环境。例如，在春天，可以将中班“娃娃家”的“小花园”部分放大，引导种植花草等，让幼儿在“娃娃家”中体验真实的播种、浇水等劳动的乐趣。

其次，可结合主题活动来变换角色区环境。每个主题活动都有其独特的教育目

标，我们要根据这些目标来创设与之相匹配的环境。比如，在进行小班下学期的“劳动”主题活动时，将其中一个“娃娃家”转变成“饼干店”，提供相应的工具和材料，让幼儿体验饼干制作和买卖的乐趣。

再次，要关注幼儿的兴趣变化，及时调整角色区环境。幼儿的兴趣是多种多样的，他们可能会突然对某个事物产生浓厚的兴趣。这时，教师要敏锐地捕捉到这些兴趣并加以分析，研判价值点，并给予支持。比如，大班幼儿对恐龙特别感兴趣，可以将“普通医院”转型成“动物医院”或者“恐龙医院”，收集和提供相应的材料、书籍等进行新游戏。

最后，要注意环境变化的持续性。要定期对角色区环境进行评估和调整，确保它始终适应幼儿的发展需求。同时，还要鼓励幼儿参与到环境创设中来，让他们成为环境的主人，培养他们的创造力和动手能力。

第二节 角色区空间规划与环境创设的策略

一、小班角色区空间规划与环境创设的策略

（一）小班角色区空间规划的策略

1. 合理规划空间布局

在空间布局上，要充分考虑幼儿的身高和活动范围。小班幼儿较矮小，家具和道具的摆放要便于他们取用与收纳，同时要保证活动区域的安全性。可以利用柜子、轻巧的屏风或隔断物等将不同的角色区域分隔开来，形成独立而又有联系的空间。

2. 明确角色区的定位

对于小班，一般需要设置三个“娃娃家”。要明确每个“娃娃家”的功能和体验应该是不同的，除了显性的环境风格的差异外，还应有不同的家庭成员结构，不同的角色有不同的扮演方式，做不同的事情。除了这些外，不同“家庭”的布局也应不同，有的“厨房”放大一些，有的“卫生间”大一些，有的“电气化设备”多一些，有的可以用“土灶”等。

（二）小班角色区环境创设的策略

1. 创设温馨又有童趣的区域环境

小班的幼儿刚步入学校，对学校有一定的陌生感。营造家一样的环境，有助

于幼儿建立归属感，并降低幼儿在家、园之间过渡的困难程度，如布置温馨的桌布、窗帘，“全家福”照片，柔和的灯光等。同时，要考虑到小班幼儿的直觉行动性，以色彩艳丽、生动活泼的环境吸引幼儿的注意力，激发他们玩耍的兴趣。

温馨又有童趣的环境和生动形象的材料

2. 创设新奇的动态物质环境

在角色区活动中，教师要充分考虑到幼儿的可变性，给他们创设一个新奇的动态物质环境。比如，教师可以据季节的变化、节日的更迭更换角色游戏的主题。为了适应幼儿情绪多变、对新鲜事物充满好奇的特点，教师还要对角色游戏不断进行更换、补充及创新。例如，在小班下学期，幼儿在进行“劳动”主题活动时，对制

幼儿一起创设“饼干屋”

“娃娃家”转型成“饼干屋”

作甜品和饼干等非常感兴趣，教师可以在原来“娃娃家”的基础上进行动态改造，将“娃娃家”的“厨房”部分放大，改造成“饼干屋”，以便于幼儿在里面进行制作、包装、买卖等活动。

二、中班角色区空间规划与环境创设的策略

（一）中班角色区空间规划的策略

1. 布局要合理

教师要统筹规划，根据幼儿的年龄特点、男女比例、兴趣爱好和活动频率等确定角色区的空间规划，满足幼儿的活动需要。重点游戏区域空间可以设置得大一点，材料可以丰富些，这样能够吸引更多的幼儿参与游戏，从而提高游戏质量，促进幼儿的发展。

中班角色区的空间布局

2. 分隔要灵活

不同角色区的大小和位置不应该是一成不变的，而应该是灵活可调的。这就要求不同角色区之间的分隔要灵活，柜子、桌子等要方便移动，还可借助屏风、帘布等进行分隔，这样教师和幼儿可以随时根据主题和需要来调整场地的大小与空间布局。

利用屏风分隔区域

3. 路线要畅通

角色区的不同空间之间行走的路线要畅通，尤其是到了中班，增加了很多社会性角色，也涉及更多的角色区种类和更密切的幼儿交往，如“娃娃家”的幼儿互相做客，或者“娃娃家”的幼儿去“医院”看病、去“餐厅”吃饭等。这些都要求教师从方便幼儿游戏的角度出发，合理规划游戏空间，设计好幼儿的行走路线，以便于幼儿互动。

（二）中班角色区环境创设的策略

1. 尊重幼儿主体地位，合理进行角色区环境创设

教师在进行角色区环境创设的过程中，应充分尊重幼儿的主体性地位，考虑幼儿的兴趣和需求。比如，在开展“春天”主题活动后，幼儿在了解、制作各种花的基础上想进一步进行“花店”的活动。因此，教师可以引导幼儿共同参与“花店”的环境创设，为幼儿提供适宜的游戏环境及游戏机会，促进幼儿主动性、独立性的发展。

幼儿在创设“花店”

2. 融合主题活动内容，创设有特色的角色区环境

将角色游戏和主题内容相融合，能深化主题，拓展游戏情节，丰富角色区活动。例如，在“好看的树叶”主题活动中，可以创设一个新的角色区“树叶展览馆”，在环境创设的基础上，增添相关的区域材料，拓展幼儿对售票员、讲解员、顾客等角色的体验，形成有特色的角色区环境。

幼儿在“树叶展览馆”扮演讲解员

三、大班角色区空间规划与环境创设的策略

（一）大班角色区空间规划的策略

1. 创设类型多样的角色小区域，满足幼儿的发展需求

大班幼儿游戏经验丰富，能主动反映多样的生活经验，创设多样的角色小区域可以满足幼儿的社会性发展需要，如“医院”“超市”等人际关系更为复杂、人际交往更为多元的游戏区。

2. 细致划分单个区域内的空间，促进幼儿游戏的深入

在单个角色区域空间内，教师应细致划分区域板块和功能，增加幼儿游戏场景。如在“医院”区域中，可以创设不同科室，尤其是幼儿熟悉的又与他们息息相关的，如“牙科”“保健科”“儿科”等。又如在“娃娃家”，可以设置“厨房”“客厅”“卧室”“卫生间”等，幼儿在这些小区域中可以开展“煮饭烧菜”“带宝宝睡

觉”“洗澡”等活动。

3. 角色区内外既要有联系又要有区分，保障幼儿交往顺利

角色区是一个系统的、多元的区域，角色区游戏既是独立的，也是联动的。因此，在创设场景前，应先进行规划和设计，要考虑角色区互动多、交往密、动静大的特点。对通道、进出口等都要进行相关规划，既要保障通道通畅又要方便幼儿进出。大班角色区的幼儿活动范围不仅局限于角色区，还可以延展到美工区等其他区域，通过“下订单”“送快递”“进出货”等内容进行衔接。规划空间时应尽可能让相关联的空间靠近一些，以有助于幼儿交往。

（二）大班角色区环境创设的策略

1. 注重班级整体环境的生动与和谐

教师在创设班级整体环境时，可以确定一个统一的风格。创设角色区环境要注重班级整体环境的和谐与生动。角色区环境与班级整体环境相呼应，有利于幼儿感受美和欣赏美，从而促进他们审美能力的发展。

2. 重视幼儿的参与感和体验感

环境创设是师幼双方合作和共同参与的过程，教师不能包办而将幼儿排除在外。教师要与幼儿积极讨论，引导幼儿参与设计和布置等。教师可以提供充足的材料，鼓励幼儿动手动脑，完成环境创设所需的作品创作和规则制定等。

3. 创设富有新意的动态区域环境

大班幼儿的好奇心与探究欲望很强，创设富有新意的动态区域环境能有效提高幼儿的兴趣水平。可根据季节变化、幼儿兴趣等，定期更新角色区的活动内容和形式，调动幼儿的主动性和积极性。

四、中班混班角色区空间规划与环境创设的策略

中班混班角色区是教师根据中班幼儿的年龄特点和兴趣，贴近幼儿生活情境，充分利用长廊空间创设的各种角色游戏环境。延续性的混班游戏可以为中班幼儿在幼小衔接的社会准备方面打下坚实的基础。

（一）中班混班角色区空间规划的策略

1. 进行关联设置

角色区中有些分区之间是有关联性的，比如“小剧场”和“手工坊”，剧场表演需要制作服装、道具等，这些可以在“手工坊”中完成。可以把“手工坊”和“小剧场”设置在一起，中间用衣架、屏风等低矮物简单隔断，方便不同区域之间幼儿的互动和沟通。

2. 对空间进行合理隔断

适当运用柜子、屏风、桌子、标志牌等对区域进行隔断，在方便幼儿游戏的同时，使教师清楚地观察到每个幼儿的动向，以便进行更好的指导，减少干扰。

用衣架隔断“手工坊”和“小剧场”

3. 进行区域巧妙布局

利用“马路”对各区域进行巧妙连接，在流通、互动中给予幼儿有关角色和规则的提示。同时，善用墙角、拐角、吊顶等地方，遵循固定设置和灵活设置相结合原则进行合理巧妙的布局。

4. 保持空间设置的开放性

为了让幼儿便捷地选择自己喜欢的角色游戏，材料柜的设置和摆放要有一定的开放性，在便于游戏的同时方便幼儿进出各个区域，让幼儿有条不紊地进行游戏。

（二）中班混班角色区环境创设的策略

1. 基于实际，整体设计，动态调整

要基于幼儿园实际情况及中班幼儿的年龄特点和兴趣，充分利用有限的长廊空间创设各种贴近幼儿生活情境的角色游戏，打造角色长廊。幼儿可以在角色长廊的游戏中认识新朋友，提升交往能力。混班游戏可以打破班级界限，给予幼儿充分的自由和自主性，让幼儿接触更多的同伴，感受不一样的游戏活动，收获不一样的社交经验。以某中班混班角色区——角色长廊为例：

角色长廊是一条狭长的走廊，走廊连接前后两幢教学楼（边上有专门的消防通道），面积约100平方米。共设有8个游戏区，能同时满足30—40名幼儿进行游戏。目前主要以中一、中二、中三等三个班级的混合形式游戏进行，每天每班三分之一的幼儿轮流参与角色长廊的活动。在活动前期，教师根据不同区域的内容进行深入的规划和设计，为幼儿创设一个富有吸引力的环境。在大部分时间里，三个班级的主题是一致的，这样幼儿关注的焦点和积累的经验会有相似之处，有助于他们在互动中相互学习和借鉴。然而，在某些特定的时段，某些班级可能会开展班本主题活动。因此，教师在组织活动时，要充分考虑到幼儿当前的经验和兴趣点可能存在差异。设计不同的主题活动，可以更好地满足每个幼儿的个性化需求，让他们在角色长廊中找到自己的兴趣点，从而激发他们的参与热情。

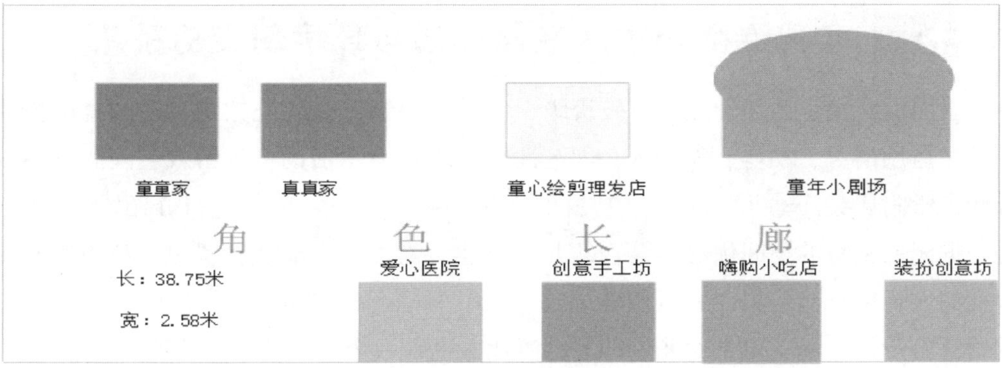

角色长廊空间规划图

2. 基于经验，合理投放材料，有效混班

立足于幼儿生活的环境创设可以让幼儿玩得更释放，也可以让幼儿在游戏中无限创造。幼儿会与区域中的材料发生互动，因而游戏材料是对幼儿进行教育的间接载体。

（1）提供的材料要具有可操作性

在进行环境创设时，有时教师只投放一些高结构、市场上买得到的成品玩具，但这种高结构材料的操作性差，会限制幼儿想象力、创造力的发挥，违背幼儿在操作中学习、在实践中学习的发展规律，幼儿会逐渐失去对这些材料的兴趣。因此，提供的材料要具有可操作性。

（2）提供的材料要具有生活性

在安全的情况下，要尽可能提供一些生活化、真实的材料，这可以最大限度地激发幼儿的游戏热情，便于幼儿再现生活场景。例如，在“美容美发店”中，可以用一些废旧洗发工具进行洗头、吹头、烫头等游戏，让幼儿真实地用吹风机进行吹发，还可以投放一些美发饰品来增强游戏的趣味性。

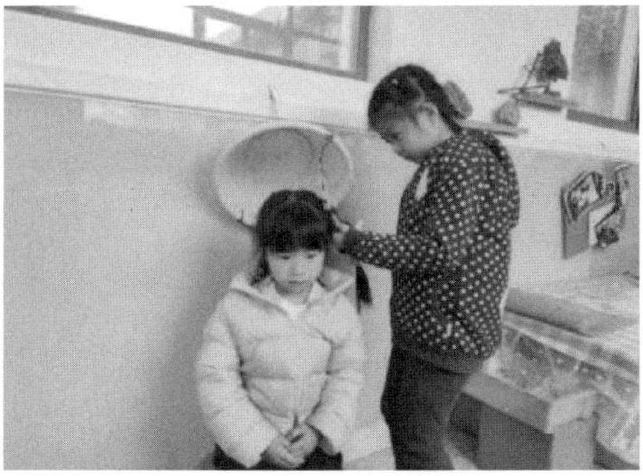

角色长廊中的“美容美发店”

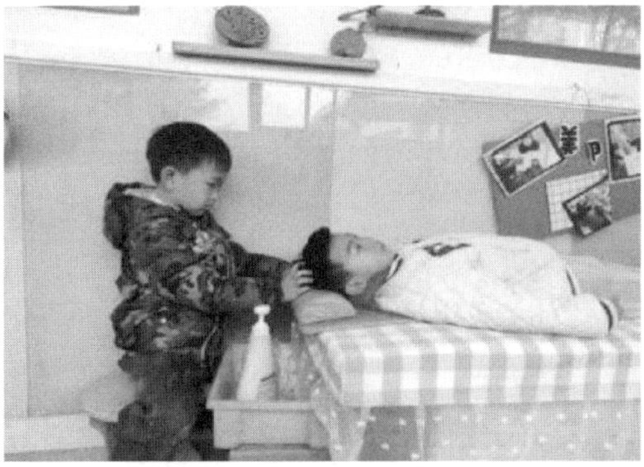

给“顾客”洗头的幼儿

五、全园混龄角色区空间规划与环境创设的策略

全园混龄角色区是幼儿园打破班级、年龄的限制，让幼儿按照自己的意愿扮演角色，运用语言、动作、表情等，创造性地再现社会生活的一种游戏空间。本书以苏州大学附属吴江幼儿园的全国混领角色区——“禾园”为例进行介绍。“禾园”是根据园内独特的空间优势，结合幼儿的兴趣、需求，借助各种资源，利用幼儿园南面的大长廊打造的集“社区服务中心”“消防体验站”“超市”“医院”等于一体的幼儿游戏体验场，可供幼儿进行混龄游戏，也是一个微型社区体验场。

（一）全园混龄角色区空间规划的策略

适宜的空间布局是混龄角色区游戏开展的有效前提。教师应根据不同年龄段幼儿的发展水平和活动需要，规划合理的空间布局。

角色区设置的根本目的在于教师利用现有的幼儿园空间资源，充分考虑幼儿的兴趣、需求、场地及幼儿发展等多方因素，科学、合理地与幼儿一起创设多样的角色区，满足幼儿混龄、自由活动的需要，不断促进幼儿游戏的深入与发展。教师在与幼儿商议各类角色区的设置时，可以采取以下策略。

1. 利用现有资源，合理规划

适宜的空间区域划分，需要分析现有场地的大小、格局及幼儿的活动人数。比如，“禾园”是一条位于幼儿园二楼南面的长廊，长廊两边都有窗户，采光较好，长廊的两边靠近两个活动室，有水源的支持，可以作为全园混龄角色区的场所；结合“禾园”现有的面积为 251.78 平方米，考虑小、中、大班幼儿的年龄特点及发展需要，开设 9 个区域，每个区域至少满足 8—10 名幼儿同时活动的需求，每个区域约为 28 平方米。需要特别指出的是，每个角色区的面积并不是平均划分的，而是需要考虑“禾园”的结构特点、不同角色区的位置及材料架实际占地需求，以及幼儿的年龄特点及实际需求等，进行空间的合理布局。

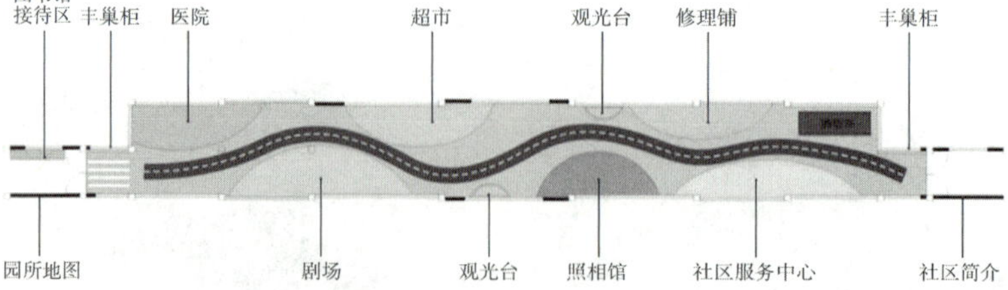

“禾园”空间规划设计初稿

2. 关注幼儿需求，灵活多变

全园混龄角色区的空间布局并不是一成不变的，而是要能发挥每个区域的重要功能，针对幼儿的兴趣及需求进行灵活的调整，不仅可以进行角色区类型的调整，还可以对各区域的空间大小进行调整和重新规划，以满足幼儿的实际需求。

（1）利用各种隔断，自由分割空间

比如，在“禾园”的空间规划中，提供各种各样的隔断，供幼儿展示作品、进行空间阻隔、操作取用材料等，满足幼儿自由分割空间的愿望，为幼儿营造多变、开放、独立的角色区环境。

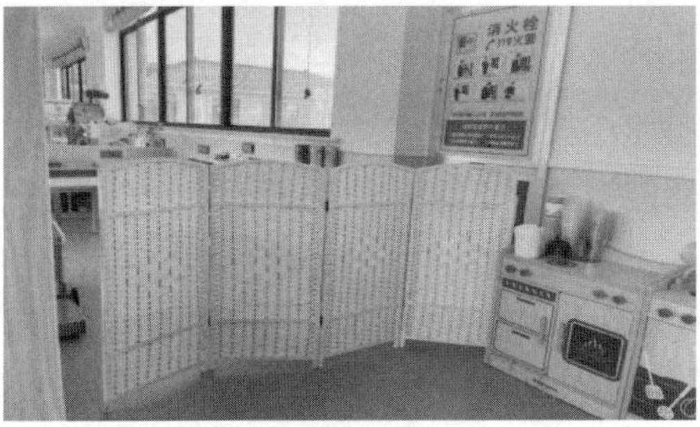

折叠式隔断

悬挂式隔断

栅栏式隔断

拼装式隔断

（2）搭建大型框架，提供创设空间

以“禾园”为例，教师在构建混龄角色区的初期，完成了前期与幼儿一起的勘测、调查、研讨之后，联系设计团队建构大型实物框架，搭建这些框架的目的并不是固定幼儿游戏的区域，而是为幼儿搭建各种大小、结构各异的空间提供可能，更好地帮助幼儿发挥想象力，为接下来角色区的构建提供立体的空间框架，满足幼儿对地面、墙面、桌面的三维立体空间构想。

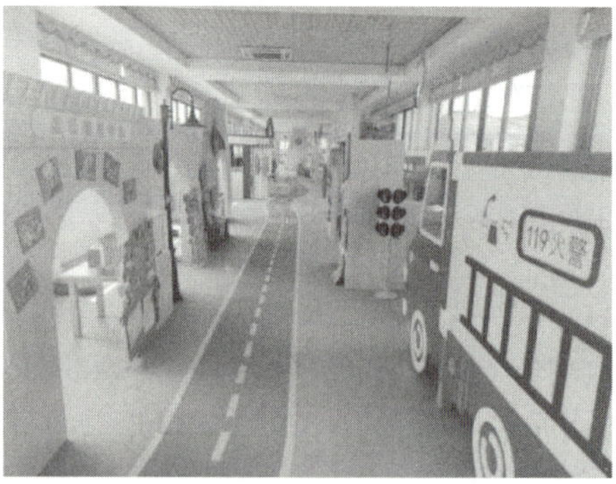

开放性立体大框架

灵活设置大框架内空间

（3）提供多样设施设备，自由组合空间

区域内的设施设备，包括各类桌椅、活动柜、展示柜等，都是空间布局的基础。在选择设施设备方面要考虑各不同角色区的功能需求，以及不同年龄段幼儿的身心发展特点，灵活组合、合理布局，使得设施设备为幼儿游戏服务。比如，可以利用类型多样的沙发、不同形状的桌椅、不同规格的活动柜等来满足幼儿自由组合空间的需求，使得这些设施设备在角色区被按需使用，发挥最大的功能作用。

单人沙发

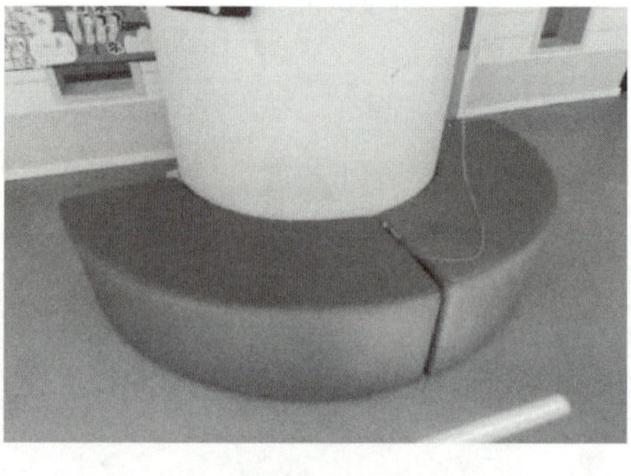

弧形沙发

可移动蒲团

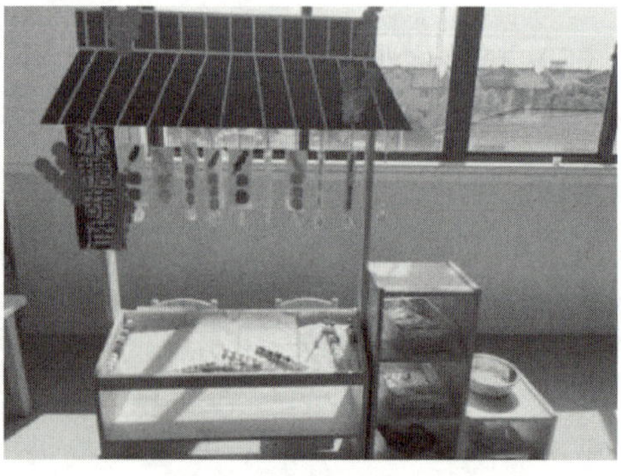

立式展示柜子

长方形操作桌

高低结合操作桌

3. 考虑区域特点，因地制宜

考虑到不同角色区对位置选择、采光、水源等的不同要求，可以结合已有的空间结构特点进行合理的规划，因地制宜地对现有场地进行合理、科学的划分，注意角色区之间的流通性，以及幼儿活动时的便利性、科学性等。以“禾园”为例，“禾园”长廊内有一些圆形的柱子，但长廊两端的空间比较狭小，于是就利用现有的位置、结构特征，在与中大班幼儿共同规划及努力下，将“悄悄屋”设置在幼儿园的大柱子旁，给幼儿提供了一个独立、安静的环境，给予幼儿一个私密的空间；在视野最好的长廊中段提供了可移动的阶梯，设置了一个观景区，供幼儿观察园内外的景观。

“悄悄屋”

观景区

（二）全园混龄角色区环境创设的策略

1. 贴近幼儿实际生活，调动幼儿已有经验

角色游戏可以分为生活模仿游戏和职业体验游戏两大类，幼儿进行角色游戏时的经验来源于生活，所以角色区环境创设要注意与实际生活的联结，帮助幼儿在进行角色游戏时得到真实的体验，让幼儿更好地学习与发展。

2. 环境创设适当留白，促进幼儿多元表达

儿童有“一百种语言”，每个幼儿的表达方式都是不同的，要在环境中给予幼

儿多元表达的空间，满足幼儿的需求，所以在全园混龄角色区环境创设中可以适当留白或者创设一面问题墙，鼓励幼儿用自己喜欢的绘画、摄影、投票等方式表达自己最本真的想法。

3. 设置幼儿评价环节，支持幼儿改造环境

角色游戏环境复杂多变，对环境的象征性要求很高，因而幼儿对环境的评价也至关重要，要鼓励幼儿对现有的环境进行评价，并根据现有的需求进行探讨商议，提出整改角色区环境的策略。这样一来，可以根据幼儿的兴趣、需求、主题等对角色区环境进行更新，角色区环境改造也是幼儿能力提升的重要方式。

第三节　角色区空间规划与环境创设案例

一、小班角色区空间规划与环境创设案例

小班角色区“饼干屋”空间规划案例

根据孩子们的兴趣，新开设了“饼干屋”。在游戏中，孩子们动手做饼干、包装饼干、买卖饼干，可是他们每次都玩得乱糟糟的。通过观察可以发现“饼干屋”的问题及其中蕴含的教育契机。于是，通过用照片分享“饼干屋”的情境，孩子们一起讨论可以干什么事情。

幼儿参与创设的“饼干屋”

大家讨论在“饼干屋”游戏中遇到的问题：空间太小，觉得非常拥挤，玩一段时间就没有兴趣了。于是，迁移生活经验，通过将“饼干屋”扩大来解决问题。孩子们一起搬来活动柜，将两个柜子并在一起，活动空间真的变大了。

活动空间变大了，孩子们高兴地在“饼干屋”游戏。这一天泽泽在“饼干屋”买了饼干，想去自己“家”里吃饼干，但发现两个空间之间没有方便的通道，于是和舟舟一起把活动柜往旁边挪了挪，方便了通行。

分析

在整个游戏探究过程中，教师以幼儿为主体，遵从他们的意愿和兴趣，让他们在游戏中学会思考和观察，学会发现问题并尝试解决问题。

（江苏省汾湖高新技术产业开发区实验幼儿园　刘珊）

小班角色区新主题环境创设案例

幼儿在角色区游戏时兴致不高，角色区怎么创设、投放什么材料，都是教师说了算的，幼儿不知道怎么玩，更多地需要教师引导。针对此情况，教师与幼儿展开了讨论。

师幼共同讨论角色区改造

1. 角色区主题的确定

目前角色区有三个，分别是“朵拉家”“佩奇家”“米奇家”。小朋友们想在角色区设置哪些游戏呢？大家对此展开了讨论，有的小朋友说想要保留三个“娃娃家”，有的小朋友想要设立“理发店”，有的小朋友想要设立“小超市”。经过讨论，最后决定保留两个原有的“娃娃家”，并根据投票结果将一个“娃娃家”更换成“小超市”。

2. 角色区名称的确定

角色区的主题确定好了，但叫什么名字呢？娃娃超市？兔兔超市？越江超市？……小朋友们的想法可真多呀，最后大家举手表决，叫“开心超市”。

3. 角色区的创设

对于角色区的创设，大家也展开了讨论，有的小朋友想要增添几块桌布，有的小朋友想要布置一个帐篷。在与其他小朋友的共同讨论中，他们更敢于表达，对角色区更感兴趣了。

（江苏省汾湖高新技术产业开发区实验幼儿园　陈欣怡、朱李梅）

二、中班角色区空间规划与环境创设案例

中班角色区“娃娃家”空间规划案例

情境描述

片段一：刚开始，角色区分成了三个区域，分别是“娃娃家”“小医院”“小吃店”，孩子们分别可以进行爸爸、妈妈，医生、病人，老板、厨师等角色扮演游戏。三个区域挨得比较近，孩子们在游戏中常常会把材料串起来玩，比如“小吃店”的“老板”把很多美食送到“医院”给“医生”、“病人”吃，但是“医院”没有桌子，便只能把食物放在“医院”的窗口柜台，导致“医生”只能在地上给“病人”看病。在“娃娃家”的厨房也能制作美食，但是材料偏少，于是“娃娃家”的小朋友经常从“小吃店”买来很多食物，拿到“娃娃家”的厨房玩，导致“娃娃家”的桌子上、椅子上、床上堆满了食物，而“小吃店”因为食物都被买光了，只能关门休息。

三个分开的区域

片段二：对角色区重新进行规划，将“娃娃家”“小医院”“小吃店”三个小区域合并成一个大型的角色游戏区——“温馨小家”。进门是客厅，两侧是厨房柜台。然后是一个屏风，将前面的客厅和后面的生活休息区进行了分隔，靠左是卧室，靠右是浴室、卫生间，在这里孩子们可以照顾“娃娃”，给“娃娃”洗澡、穿衣服、叠衣服等。将区域合并后，空间更大一些，孩子们的游戏兴致更高了。涵涵在“温馨小家”中的厨房里忙着给一家人做饭，她很有耐心地将菜叶切成小碎块，还说着：“宝宝还小，我要把叶子切小点她才能吃。”她在厨房忙活了一阵子后，做出了一盘蔬菜沙拉，并小心地将它摆到了餐桌上，然后敲敲卧室的门，喊道：“开饭啦！

开饭啦!”这时盈盈抱着“娃娃”走了过来，问道：“今天我们吃什么呀?”涵涵回答：“今天吃蔬菜沙拉!”盈盈高兴地说：“我们最喜欢吃蔬菜沙拉了！对了，我还要去给宝宝泡点奶粉呢!”于是，盈盈走回卧室去给“娃娃”泡奶粉。盈盈给“娃娃”泡好奶粉，喂给“娃娃”喝，还有模有样地拍着“娃娃”哄其睡觉，不一会儿，她又自言自语道：“宝宝要去洗澡啦!”她便抱着“娃娃”走进浴室，给“娃娃”冲洗身体、抹沐浴露，还不忘用吹风机吹干“娃娃”的身体，最后抱着“娃娃”回到卧室，给“娃娃”换上新衣服，并把换下来的衣服仔细地叠好放整齐。随后她将“娃娃”放在卧室小床上，假装拍了几下哄“娃娃”睡觉，然后走出了卧室，到餐桌上享用美食。

整合在一起的“娃娃家”

分析

改造前：“娃娃家”由于是三个区域中的一个，场地相对比较小，并且场景也比较单一，两个灶台和柜子作为厨房，一个小圆桌、一张小床都在一个空间里，洗衣机、冰箱、台灯等家电也都摆放在一起，没有很明确的分区。幼儿在游戏时，容易出现东西乱放的情况。相比“小医院”和“小吃店”的“医生”和“老板”岗位，“娃娃家”的角色岗位对幼儿不具有足够的吸引力，所以他们经常跑到“小医院”去看病，把药品都带回家，又跑到“小吃店”，买光了店里的食物。

改造后：经过重新规划，将三个小的区域整合为一个大的“娃娃家”，虽然是以“娃娃家”为主题，但是对“小医院”和“小吃店”的游戏进行了融合。这个“娃娃家”有客厅、厨房、卧室、浴室。进门的客厅用柜子进行了隔断，让幼儿有真的回家的感觉，两侧的灶台、柜子形成了厨房区域，将“娃娃家”和“小吃店”都有的做饭功能融合在一起，幼儿可以在这里洗菜做饭、品尝美食。在屏风后面的生活区，幼儿可以根据自己的经验进行角色互动。卫生间里有淋浴房、洗漱台、洗衣机，卧室里有小床、电视机、衣柜等家具，还通过小药箱融合了“小医院”的看病功能，让幼儿玩家庭医生体验游戏，营造一个温馨的家庭氛围。

相比小班幼儿，中班幼儿游戏时的角色意识进一步增强，有了角色归属感，对自己将要做什么和怎样做有了初步的目的性和计划性。比如，涵涵在“娃娃家”扮演爸爸，忙着在厨房做饭，而盈盈则扮演妈妈，在卧室里细心照顾“娃娃”，给“娃娃”泡奶粉、洗澡、换衣服等。在游戏过程中，孩子们对探索事物之间的关系有了更浓厚的兴趣，游戏情节更丰富，能对生活经验进行迁移。比如，盈盈在照顾“娃娃”时，有很深入的探索，知道“娃娃”饿了要喝奶粉；在给“娃娃”洗澡时，也知道洗澡的步骤；在卧室里给“娃娃”换好衣服后，也能根据自己的生活经验拍着哄“娃娃”睡觉。

教师指导与反思

角色游戏是幼儿通过模仿、想象、扮演角色、使用材料等方式创造性地反映现实生活的一种活动，是幼儿园非常重要的自主游戏形式，不仅具有高度的独立自主性、特殊的想象性来满足幼儿的需要，还可以培养幼儿的语言表达能力、想象力、合作交往能力及发现问题、解决问题的能力。相较于小班幼儿，中班幼儿的游戏水平有一定的提高，能进一步反映丰富多彩的生活情节，也有与别人交往的意愿，角色意识更强。所以，在创设角色区时，应注重区域内容的丰富、主题的扩展，让幼儿在游戏中体验冲突和合作，从而促进其社会性和情感的发展。

在这样一个完整的“小家庭”中，幼儿会代入自己的生活经验，围绕“照顾娃娃”，表现出一系列的游戏情节，如初步尝试分工，一个人负责在厨房做饭，一个人负责在卧室里哄“娃娃”睡觉。“娃娃家”由于具备的功能很多，所以能够充分满足幼儿对生活情节进行想象的需求，如睡觉前要洗澡刷牙，洗完脸要往脸上涂护肤品，脏的衣服要放进洗衣机洗，洗好的衣服要叠好收纳在衣柜中……丰富的材料为幼儿的深度学习提供支持，既提供条件也迎合幼儿的思维特点，让幼儿在游戏中充分表达对生活环境的认识和想法。

（江苏省汾湖高新技术产业开发区实验幼儿园　程诗静）

中班角色区“花店”环境创设案例

情境描述

在“春天”活动主题下，美工区的孩子们利用各种材料制作了各种各样的花。看着这么多的花，涵涵说：“我们的花这么多，真漂亮，要不开个花店吧，这样其他区域的小朋友都可以买回去。”辰辰说：“可以，可以，你看这么多的花，感觉已经像花店了。”凡凡说：“要不我们在美工区开花店吧！”于是孩子们行动了。

幼儿被花朵吸引

幼儿在美工区创设“花店”

分析

幼儿对花店产生了兴趣，决定将美工区打造成一个花店。《指南》指出：“艺术是人类感受美、表现美和创造美的重要形式。”在美工区开展各种有关花的手工、绘画活动，可使幼儿按自己的兴趣和意愿进行材料的选择，并用多种自己喜欢的形式进行表达。这既可以让幼儿掌握多种美工活动的技能技法，也可以让幼儿充分发挥自己的想象力，培养幼儿的创造性思维。

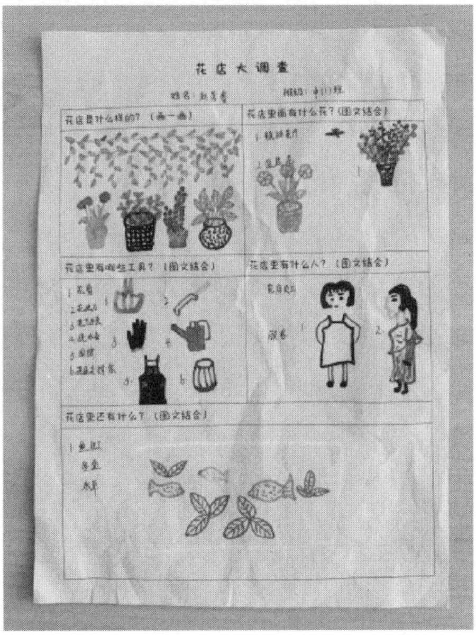

幼儿为创设“花店”做的调查表

教师指导与反思

在将美工区改造成“花店”的过程中，教师带领幼儿开展了“花店初探索”“我设计的花店”“花从哪里来”“花店开在哪里”“我的花店我做主”等一系列活动。幼儿在调查、讨论、亲身体验和实际感知中创设“花店”，以及体验“花店”游戏带来的乐趣。教师提供宽松的环境、丰富的材料、合理的空间布局，给幼儿充足的探索时间，为幼儿创设自主探索机会。教室里的“花店”能让幼儿的生活经验和游戏充分融合，从而丰富幼儿游戏内容，提高幼儿游戏水平，让他们在玩中学、学中乐。

（江苏省汾湖高新技术产业开发区实验幼儿园　钱雪艳）

三、大班角色区空间规划与环境创设案例

大班角色区“茶汤巷”空间规划案例

案例背景

一天，在小朋友们喝茶休息时，一诺突然大喊：“老师，文硕没有喝水！”文硕接着喊：“宇昊也没有喝水！”宇昊又接着喊：“心娅也没喝。”等到放学的时候，欣妍跑过来告诉老师：“老师，承承的水杯还是满的，他今天一口水也没喝。”这样的小报告几乎每天都有，为了解决喝水难的问题，老师决定在班级开设一个“茶馆”，让小朋友们了解喝水的好处，对喝水感兴趣。

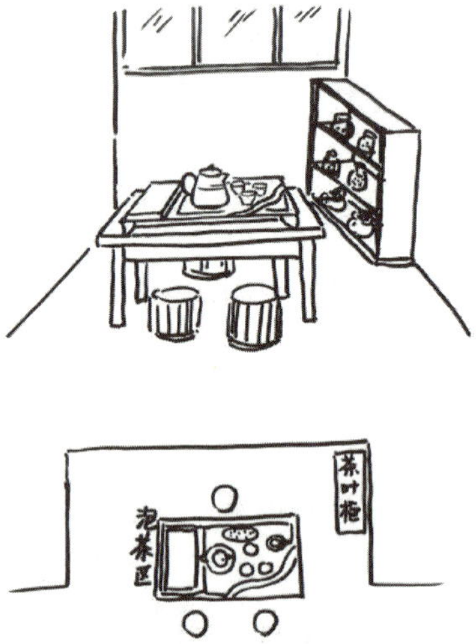

“茶馆”前期布局

情境描述

将原本的生活区改造成“茶馆”，与原来的茶水桶结合，可以进行真实的喝茶喝水活动。“茶馆”开业后，来喝茶的“小客人”络绎不绝，但是几天过后，“茶馆”日渐冷清，泡茶的小朋友也开始无所事事，甚至“离家出走”。没开几天的“茶馆”看来是要关闭了。

于是，老师和小朋友们商量着怎么让“茶馆”重新有生意。宇昊说：“我爸爸带我去过茶馆，茶馆里面有瓜子、点心，啥都有。”欣妍说：“那说的是阿婆茶吧?”溪溪说：“我妈妈去咖啡馆的时候还有蛋糕吃呢!”悦悦接着说：“我之前看到电视里有个茶馆，服务员都穿好看的汉服。”这句话激发了很多小朋友的兴趣，于是大家搜索到了各种茶馆的照片。最后，大家决定改造“茶馆”，一起动手制作了很多中式点心，有桃花酥、蛋黄酥、凤梨酥等。大家保留了“茶馆”的免费喝茶区，将“茶馆”的一半空间用来卖点心，还将隔壁“中医馆”用剩的玫瑰花、栀子花、山楂、枸杞等材料拿到“茶馆”制作花茶。孩子们还将“茶馆”的名字改成和电视剧里的茶馆名字一样，叫作“茶汤巷”。

“茶馆”拓展后的布局

改造后的“茶汤巷”，一半空间用于提供免费的、可以无限畅饮的工夫茶，一半空间用于提供中式茶歇，以及需要购买的花茶、点心。大家在游戏中发现，小朋友拿了点心后只能站在柜台前吃完就走，因此将靠近“茶馆”的两个桌子搬来给“客人”坐着吃东西。后来欣妍发现“中医馆”的生意太好了，经常有“病人”在“取药口”排长队，“药师”忙不过来了。孩子们便提出要将“中药材”打包，拿到“茶汤巷”代煎，“茶汤巷”也能增加一些收入。棋社的镇宇提出：“我爷爷去打牌的时候都有人给他泡茶的，我们想要茶汤巷给我们送外卖。”“茶汤巷”的小朋友说：“我们的茶饮需要包装袋，想请美工区的小朋友帮我们设计并且制作一下杯子包装和打包的袋子。”这下区域之间开始联动了，还增设了“外卖员”“点单的服务员”等岗位。

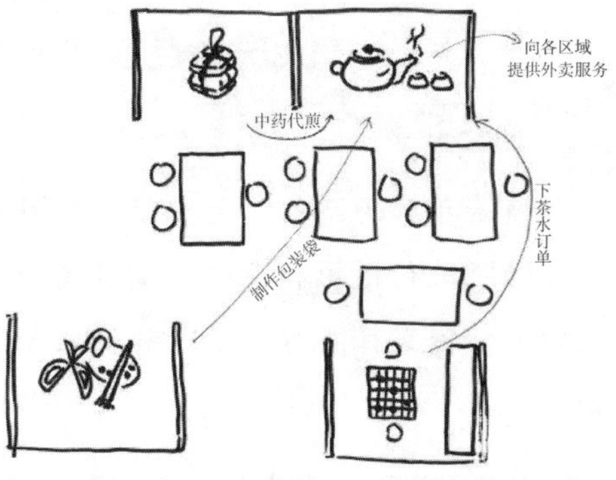

“茶馆”从阳台延展到活动室

在区域联合游戏后，孩子们不仅仅局限于自己的区域里，还能在各个区域之间穿梭。像拧紧了发条的机器，大家不停地转了起来。

分析

《指南》中指出：“幼儿园应多为幼儿提供自由交往和游戏的机会，鼓励他们自主选择、自由结伴开展活动。”“茶汤巷”在改造前，只有泡茶区，除了给其他幼儿提供一杯茶水外，只有泡茶和喝茶两个可操作的活动，甚至泡茶的幼儿与来喝茶的幼儿之间没有交流，对幼儿的语言发展、社会交往帮助不大。幼儿对于茶馆的了解和已有经验是该活动进行下去的重要前提，因此教师进行了相关活动的调查、了解，丰富幼儿的经验，加深幼儿对茶馆的认知。

教师指导与反思

通过对“茶汤巷”的一步步改造，教师和幼儿在活动中进行反思并有所收获。“茶馆”从一开始只提供一杯茶到后来提供花茶、点心，再到之后与“中医馆”、“棋社”、美工区联合活动，将班级区域串联，都是幼儿在游戏过程中深入探索后提出的想法，他们在整改活动中起了主导作用，并且将想法一步步落到实处。而在游戏中不断地增加人员和岗位，能让更多的幼儿参与到游戏中，让他们对游戏感兴趣。同时，“茶汤巷”从一个面临倒闭的“茶摊”发展到后面开展区域联合活动，离不开一步步的材料投放和区域改造，尤其是将幼儿感兴趣的东西投放到区域中。兴趣是幼儿活动最好的老师，而“茶汤巷”是幼儿兴趣的产物。

（江苏省汾湖高新技术产业开发区实验幼儿园　王艳）

大班角色区“咔嚓照相馆”环境创设案例

案例背景

随着年龄的增长，大班幼儿对社会生活模拟和角色扮演的兴趣日益浓厚。为了满足幼儿进行摄影和角色扮演的需求，同时培养他们的想象力、创造力、语言表达能力和社会交往能力，经过和幼儿商讨，教师决定在大班角色区创设一个“咔嚓照相馆”。

“照相馆”环境创设

情境描述

区域游戏即将拉开帷幕，在游戏开始前，老师和孩子们一同回顾并讨论上次游戏的不足之处。

老师：在上次的“照相馆”游戏中，你们觉得有哪些可以改进的地方呢？

晨晨：我觉得摄影师和顾客之间的沟通不太顺畅，有时候摄影师不知道顾客想要什么样的照片。

沐沐：确实，而且我觉得我们的照相馆里道具太少了，每次拍照都只能用那几样东西。

欣欣：每次小客人都只会摆同一个姿势，所有的照片拍出来都一样。

老师：那么，我们该如何改进呢？

兰兰：我们可以给小客人提供更多不同的道具，比如帽子、眼镜或者花束，这样他们就可以利用道具摆出各种有趣的姿势了。

蕙蕙：我们可以收集或者制作一些特色服装，让小客人穿上特色衣服在情境中自然地摆出不同的姿势，这样拍出来的照片既自然又有趣。

瑶瑶：我觉得我们可以创设一个服装道具区，让顾客自由选择想要的服装和道具。

孩子们纷纷对“照相馆”的环境创设发表了自己的想法和意见，逐渐形成一致意见，创设“服装道具区”。

老师：服装道具怎么来呢？

小杰：可以收集，我家里有旅游时买的民族服装，可以放在照相馆里拍写真用。

小凯：我们也可以在美工区制作好看的道具。

小雯：对，照相馆也可以下订单，我们把想要的服装道具画在订单上，由美工区的小朋友制作完成。

就这样，孩子们根据自己的需求对“照相馆”的环境进行了新的规划。

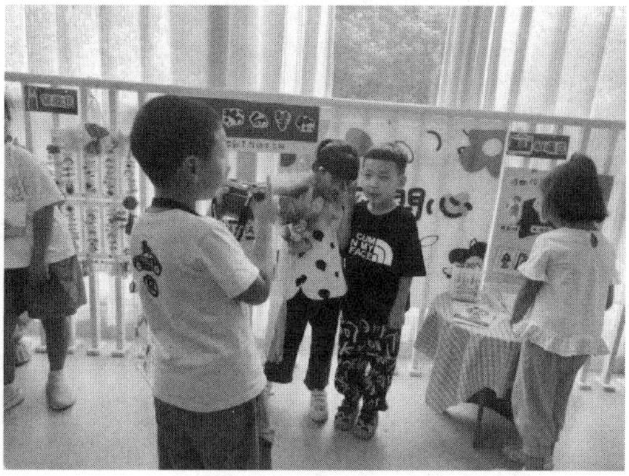

幼儿玩“照相馆”游戏

分析

《幼儿园教育指导纲要（试行）》（以下简称《纲要》）指出“环境是重要的教育资源，应通过环境的创设和利用，有效地促进幼儿的发展”。正是对“咔嚓照相馆”的浓厚兴趣和高度热情，促使幼儿自然而然地投入班级的环境创设中。教师基于幼儿的需求，对区域环境进行改造，利用区域的联动性，引导幼儿用一些低结构材料（如黏土、毛绒球、扭扭棒等）进行自我装扮，帮助幼儿在游戏中体验创造的乐趣，培养他们的审美能力和动手能力。

教师指导与反思

通过创设“照相馆”环境并开展相应的游戏活动，教师取得了以下效果：

① 通过对“照相馆”的环境改造，激发了幼儿对摄影和角色扮演的兴趣与热情。

② 在对“照相馆”进行改造的游戏过程中，培养了幼儿的想象力、创造力、语言表达能力和社会交往能力。

当然，也有一些需要改进的地方：

① 环境材料的调整：部分幼儿对角色分工不够明确，缺乏主动性和创造性。教

师可以利用墙面、窗台等空间，做一些流程图和规则示意图，以加深幼儿对角色的了解，帮助幼儿更好地理解游戏规则和流程。

② 教师指导的改进：部分幼儿对“照相馆”游戏材料的使用操作不够熟练，需要教师的引导和鼓励。教师在日常教学中要适时地给予幼儿相应的生活经验，如在讨论环节加强对相关角色技能的讲解和训练，帮助幼儿更好地开展“照相馆”角色游戏。

（江苏省汾湖高新技术产业开发区实验幼儿园　周婧）

四、中班混班角色区空间规划与环境创设案例

角色长廊

蒙台梭利说过：“教育对儿童的巨大影响，是以环境为工具，让儿童受到环境的浸染，从环境中获得一切，并将其化为己有。”因此，区域环境的创设必须从幼儿视角出发，要激发、诱发、引发幼儿产生积极的探究行为。中班混班角色区——角色长廊是根据主题及幼儿游戏水平等实际情况来创设的，设置了八个角色区，分别是“童童家”“真真家”“爱心医院”“理发店”“手工坊”“小吃店”“童年小剧场”“创意装扮坊”。

1. 娃娃家

在角色长廊创设了两个“娃娃家”，分别是“童童家”和“真真家”，两个家中的生活材料都是孩子们一起商讨并收集投放的。小朋友能够迁移生活中爸爸妈妈、爷爷奶奶的一些行为举止和生活经验到“娃娃家”中，老师还会根据主题变化提供多样的游戏材料。

“童童家”的设置

"真真家"的设置

2. 爱心医院

"爱心医院"的设置

在"爱心医院"里，老师投放了很多关于做核酸检测的真实材料，孩子们在这个区域可以进行角色扮演。这不仅可以增强孩子们在学校做核酸检测时的规则意识，还可以提高孩子们的角色分配能力、语言能力、沟通交往能力等。当孩子们不感兴趣的时候，老师也会对区角进行替换，所有游戏的开始都是基于孩子们的兴趣点。

3. 理发店

"理发店"的设置

孩子们将自己已有的理发经验移到"理发店"，进行角色扮演。根据幼儿的年龄特点，"理发店"里提供了一些基本的美发工具和材料，如梳妆台、吹风机、梳子、发套、发夹、橡皮筋等，让孩子们能顺利地开展游戏。

4. 手工坊

"手工坊"的设置

手工坊里提供的更多的是一些美工活动材料。老师根据主题对美工区进行了季节氛围打造，也提供了一些关于当月主题的半成品材料，如生活材料、自然材料、基础材料等，在孩子们自己没有想法的时候启发他们进行制作活动。同时，增设售卖窗口，可以对手工作品进行售卖。

5. 小吃店

在烹饪过程中，孩子们既发展了手眼协调能力，又刺激脑神经发展出更多的联结，促进智力的发育。同时，孩子们在烹饪食物时，充分发挥自己的想象力和创造力，美食成品就是他们创作的艺术品。

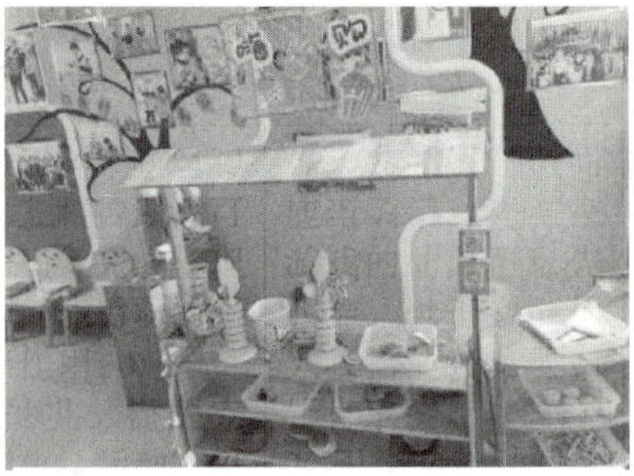

“小吃店”的设置

6. 童年小剧场

“童年小剧场”里布置着有吸引力的舞台环境，让小朋友们自由选择自己喜欢的服饰、道具和乐器。可以通过模拟生活中看到的一些表演场景，制订表演计划，投入大量的结构材料，引起幼儿注意，激发幼儿的兴趣。

“童年小剧场”的设置

分析

适宜的空间布局是区域活动有效实施的前提。在进行角色长廊环境创设时，教师充分挖掘并有效利用幼儿园长廊的空间资源，根据幼儿兴趣点设置角色区域，科学分割活动区域，加强区域间的配合渗透、相互促进，使各区域之间保持灵活互通，增强活动的趣味性，使幼儿保持活动兴趣。

（江苏省汾湖高新技术产业开发区实验幼儿园　孙斯予）

五、全园混龄角色区空间规划与环境创设案例

“禾园”里的“维修铺”

综合维修服务站是“禾园”里的“维修铺”。维修工具多种多样，便于更好地处理各类维修事务。在环境创设方面，老师选择了使用大量的洞洞板，这样可以将所有的工具都上墙悬挂起来，便于寻找。洞洞板有一定的灵活性，可以根据需要随时灵活调换各类工具的摆放位置。在“维修铺”的营业过程中，大班的曦曦分享的工具整理及桌面收纳方法受到了大部分小朋友的认可。曦曦把清洁工具单列了出来，因为清洁工具平时用得比较多，所以把它们放在一个单独的区域；再将修理工具、文具、防护用品依次分类悬挂，便于游戏时选择使用。后来，在小朋友的一

维修铺操作桌

致建议下，还开设了“家政服务中心”，专门负责保管各类清洁工具。

“维修铺”全景

“维修铺”工具区

分析

小班、中班的幼儿年龄小，修理物品的能力有限，他们大多会选择玩清洁物品的游戏，所以“修理铺”游戏中用到清洁工具的次数比较多。为了保证一定的安全性、便捷性，幼儿提出再开设一个专门提供清洁服务的角色区——“家政服务中心”，于是在“维修铺”的旁边开设了“家政服务中心”。这样“维修铺”就成为专门提供维修服务的地方了，能力强的幼儿会选择入“维修铺”游戏，这样分工更明确，幼儿能更加专注地进行维修游戏。

（苏州大学附属吴江幼儿园　周静）

第四章 有规可循 因势利导

——角色区规则与标识创设

本章概要

角色区是材料最为丰富、幼儿交往最为频繁的区域，因此幼儿园角色区中规则和标识的重要性不言而喻。如果没有明确的规则和标识，游戏很容易变得混乱无序，幼儿可能会因为争夺角色、道具及进行交往沟通而发生冲突。

本章主要从以下方面展开叙述：从意义、创设原则和类型三个方面对角色区规则与标识进行简要概述；基于不同年龄段分别介绍角色区规则和标识创设的策略；在经验梳理的基础上列举多个一线教师在教学实践过程中生发出的角色区规则与标识创设案例。

思维导图

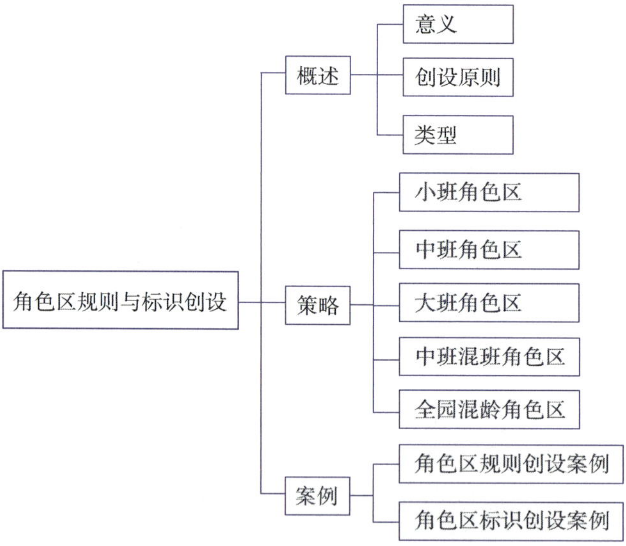

第一节　角色区规则与标识创设概述

一、角色区规则与标识创设的意义

规则是幼儿在活动过程中的一种行为准则，标识是规则更为具体的呈现方式。角色区规则与标识是为了保障活动顺利开展而制定或设计的。

（一）角色区规则创设的意义

规则是幼儿意识的反映，是幼儿有序开展活动的条件。幼儿园的孩子正处在规则意识萌芽期，是非观念仍很模糊，以自我为中心的思维特征明显，因此幼儿园时期是幼儿规则意识形成的关键期，也是其社会性形成的重要时期。

角色区规则对幼儿在角色区的游戏行为有着重要影响，它不仅对某一次角色游戏产生约束指导作用，而且是角色游戏通用的行为准则，影响着角色游戏主题的丰富性、幼儿对角色的理解程度及幼儿对游戏技能技巧的掌握情况，可以保证角色游戏的顺利开展和有效深入，促进幼儿的社会性发展。[1]

在角色区活动中，幼儿之间的交流和交往较其他区域活动来说更为紧密，也更

[1] 朱小泉．角色区游戏规则建立的研究：以4—5岁幼儿为例［D］．武汉：华中师范大学，2016.

容易出现一些问题和冲突。因此，角色区规则的建立有着十分重要的意义，它不仅能帮助幼儿顺利开展游戏，还能帮助幼儿逐渐学会调整自己的言行，促进幼儿协商、合作等社会性能力的发展。适当的规则不仅能对幼儿行为加以要求，还能保证环境有序，有利于角色游戏的开展。规则不仅是游戏中幼儿必须遵守的行为准则，更是幼儿应该具备的角色意识遵循，能深化游戏角色的分配和扮演。具体体现在以下方面：

第一，规则有利于游戏的有序开展。游戏中经常有一些不好的“小插曲”，规则可以帮助幼儿避免这些问题产生，顺利开展游戏，保证游戏的组织性和稳定性。

第二，规则有利于游戏内容的丰富。规则是游戏有效开展的主导线，规范游戏行为，规定游戏方向。良好的规则意识可以使幼儿掌握正确的游戏技能。

第三，规则有利于促进幼儿的社会性发展。规则创设要符合不同年龄段幼儿的身心发展和能力发展要求。游戏中的规则是幼儿顺利游戏并获得良好游戏体验的前提。

第四，规则具有隐性的教育意义。规则不仅有助于维护区域秩序和保障幼儿的安全，还能在潜移默化中培养幼儿的规则意识和自我管理能力。在角色区，幼儿需要对自己的行为负责，如整理好自己使用过的玩具、保持区域的整洁、轻轻说话、与他人友好相处等。通过对规则的遵守，幼儿在游戏中可以逐渐养成良好的习惯，这对幼儿未来的成长和发展是十分重要的。

（二）角色区标识创设的意义

标识的隐性暗示作用对幼儿规则意识的形成、交往的促进、认知的发展有着重要的意义。它可以引领、提示幼儿的游戏行为，使幼儿自主、有序地玩转角色区，还可以辅助幼儿拿取、摆放和整理角色区材料，养成良好的行为习惯。

标识具有标记、引导及警示的作用，它可以像符号一样传递信息。在角色区中设置特定的区域标识，通过暗示的方式引导幼儿规范自身行为，可以为幼儿更加高效地参与活动奠定基础。合适的环境标识可以帮助幼儿更快进入游戏，如一些形象直观的示意图、符号、图片及照片等，可以起到丰富游戏情节、规范行为等作用。规则是抽象的，而与其相对应的标识则是生动形象的，更能激发幼儿的探究兴趣。标识是无声的教师，可以为幼儿创设一个有规则的活动环境。结合班级环境创设，幼儿可以在潜移默化中理解和掌握区域游戏规则，提高区域活动质量。对标识的运用，也能够使幼儿快速明白规则的含义，有助于幼儿良好行为习惯和学习方法的养成。此外，在角色区中运用不同色彩和形状的标识，能够使幼儿快速辨别学习内容及活动主题，并将物品摆放得更加有序。[1]

[1] 殷月玲．幼儿园区域标识在一日生活中的运用［J］．家长，2021（5）：131-132.

二、角色区规则与标识创设的原则

（一）角色区规则创设的原则

1. 合理性原则

规则不在于数量的多少，而是在于是否科学、合理。教师应了解不同年龄阶段幼儿的年龄特征、认知及社会性发展情况，在此基础上用多元化的方法予以合理引导，促使幼儿在角色扮演、互动交流中树立规则意识并遵守约定，促进幼儿的社会性发展。

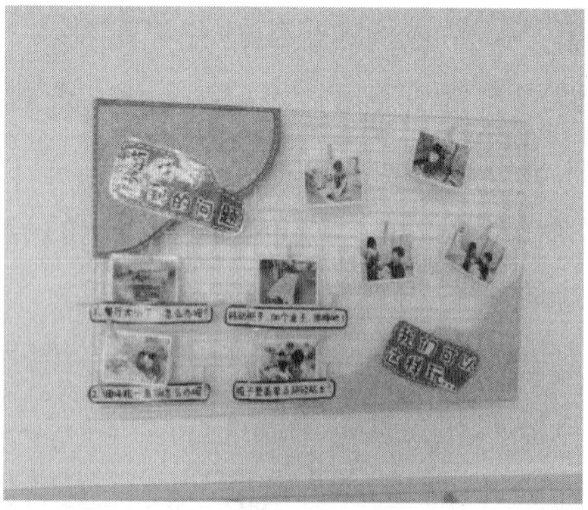

师幼讨论“小餐厅”的玩法与规则

2. 动态性原则

活动规则不是一成不变的，角色区规则的建立也是一个逐渐形成的过程。角色游戏材料随着游戏主题的变化而变化，幼儿在角色游戏中的发展水平也在不断提高，所以在规则创设的过程中要尽可能地灵活。当游戏能力达到一定程度后，幼儿可与教师和同伴共同商量、制定甚至是改变规则。

3. 正面性原则

幼儿各方面发育还不完善，以直觉行动思维为主，对于语言、文字、符号的理解比较直接，正面引导规则能积极引导幼儿，具有较强的指示作用。比如，“不要大声说话”“不要跑”等只是简单地进行警示，而“轻轻说话”“慢慢走”则提出了说话与交往的具体做法，更具有指导和正面教育的作用。

正面引导与反面引导标识

4. 反思性原则

教师要能够及时反思，从多个角度去检验和思考规则的合理性，在此基础上逐步完善规则。区域活动的规则生成应当是一个良性循环，在活动结束之后，教师要对区域活动规则进行理性的思考和评价，在反思的基础上做出改变。

（二）角色区标识创设的原则

1. 适宜性原则

标识的创设应该符合幼儿当前的年龄特点。对于小班幼儿来说，直观的照片，生动形象的图形、符号能让他们清楚了解标识的意义。而对于中班、大班幼儿来说，简单明了的标识、符号可以提升他们的认知能力和逻辑思维能力。教师还可以组织幼儿分小组商讨、确定和制作标识，让幼儿成为游戏的主人。

2. 直观性原则

由于角色区标识多由教师或个别能力较强的幼儿绘制，并非由全部幼儿共同完成，所以标识的直观性就显得十分重要。简单易懂的标识，能让幼儿快速地理解其准确含义，并在标识的提示下有序地开展角色区活动。

大班材料标识（体现数量关系）

小班材料标识（实物照片）

3. 简洁性原则

班级环境是一个整体环境，主题环境、区域环境、生活环境都是其重要组成部分。有序、合理的环境能让幼儿有温馨、舒适、稳定的心理感觉。因此，在标识的使用过程中，简洁性也是需要重点考虑的。

4. 灵活性原则

灵活性原则主要体现在三个方面：一是内容有变化。班级区域标识是根据主题、幼儿需求等不断更新变化的，需求不同，其标识也不同，需要及时对标识进行调整。二是形式灵活。同一个材料可以有不同的标识方法，可以是图、文、图文等形式，有些还可以是实物标注。三是方便替换。由于经常更换材料，要考虑画图、拍照、打印等行为的耗时耗财情况。同时，幼儿也是标识的重要制作者，使用抽插式的标识袋便于幼儿操作和更换。

中班材料标识（简笔画）

便捷的抽插式标识袋

三、角色区规则与标识的类型

（一）角色区规则的类型（表 4-1）

表 4-1　角色区规则的类型

规则分类方法	规则说明与示例	
根据规则生成的主体划分	教师生成的规则：教师预设好规则，不让幼儿参与讨论，规则内容完全由教师决定	
	教师与幼儿共同生成的规则：教师和幼儿共同对某个问题进行讨论，从而制定出相应的规则	
	幼儿生成的规则：幼儿在角色区活动中发现问题或产生矛盾，通过协调和协商制定出规则	
根据规则生成的内容划分	安全规则：为了保证活动中幼儿的安全而专门设定的规则，体现了对幼儿生命健康的重视，主要包括对幼儿行为上的要求及对于材料的安全使用要求，即人和物两个方面，如不准打人、小心使用剪刀等	
	组织规则：角色区活动自身对活动角色所提的要求，如角色类型、活动开展前准备工作的要求，游戏情节发展需要对游戏者提出的要求及引申的规则，包括活动的基本流程、进区人数、区角更换等，旨在使幼儿有序选择角色并保证角色区活动的顺利开展	

续表

规则分类方法	规则说明与示例	
根据规则生成的内容划分	材料取用规则：在角色区活动中如何选取活动材料，在操作时如何使用材料，以及活动结束后如何将材料归位等方面的要求	
	交往规则：幼儿在与同伴交往的过程中需要遵守的一些规则，既能保障活动的顺利开展，也能促进幼儿的社会交往能力提升	
	内隐规则：角色区游戏的核心特征是幼儿对于角色的创造性扮演，内隐规则是指社会规范对于角色行为及工具使用等方面的要求，主要包括角色职责、行为规范等方面，是角色区游戏的内在性要求。随着社会类角色逐渐增多，内隐规则也越来越重要。例如，在“小医院”中，“医生”用听诊器给“病人”看病，用注射器给“病人”打针；在“小餐厅”中，“厨师”负责做饭，“服务员”负责点菜和收钱	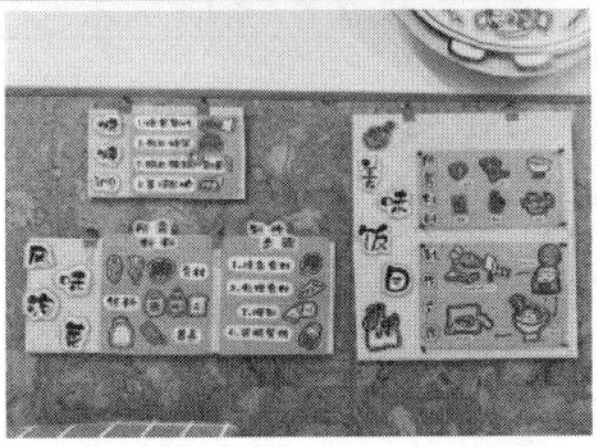
	具体事件规则：针对具体活动和事件的一些临时规则。例如，在“没有声音的运动会”主题下，可以为“娃娃家”制定过生日的主题规则；或者当班级人数较少时，制定暂时关闭部分角色区的规则	

（二）角色区标识的类型（表 4-2）

表 4-2　角色区标识的类型

类型	特点	示例
照片型标识	多用于小班。幼儿对一些操作步骤缺乏相关的生活经验，很难用图画进行设计和表述。这时提供具体的操作步骤图，用照片形式将游戏玩法展现给幼儿，形成照片型标识，更易于幼儿理解。同时，一些操作材料以照片的形式被直接粘贴在柜子上，有利于小班幼儿的拿取	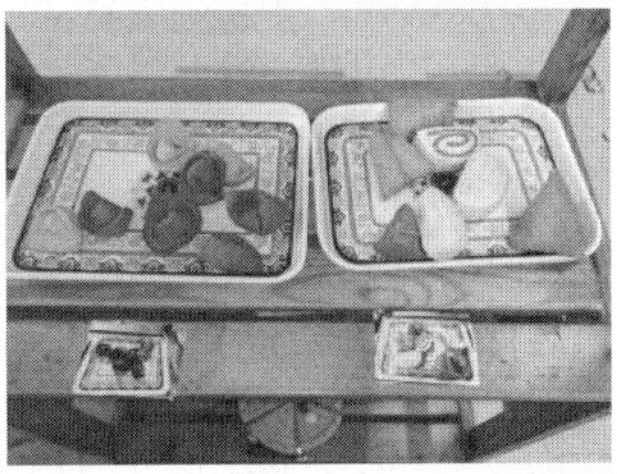

续表

类型	特点	示例
图画型标识	具有直观化和形象化的特征，在小班和中班应用较多。很多年龄较小的幼儿未能形成逻辑思维，只有通过生动的图画型标识对其进行引导，才能使其快速了解相关事物，这样教师通过简单的讲解就能使幼儿明确相关含义	
图画和文字相结合的标识	根据中班、大班幼儿的年龄特点，可以采用图画和文字相结合的角色区标识，既方便幼儿理解相关事物，也能够增加幼儿的识字量	
文字型标识	通过简单的文字对相关事物予以解释，有利于幼儿良好思维方式的养成。文字型标识通常应用于大班，因为大班幼儿即将升入小学，识字量相对于小班、中班幼儿更大，文字型标识有利于他们认知能力的提升	
实物型标识	一些比较扁平、轻盈、不易滚动且较好固定的材料可以作为实物型标识，如纸、薄膜、羽毛、丝带等，也可以截取实物的部分贴在材料箱或者柜子上	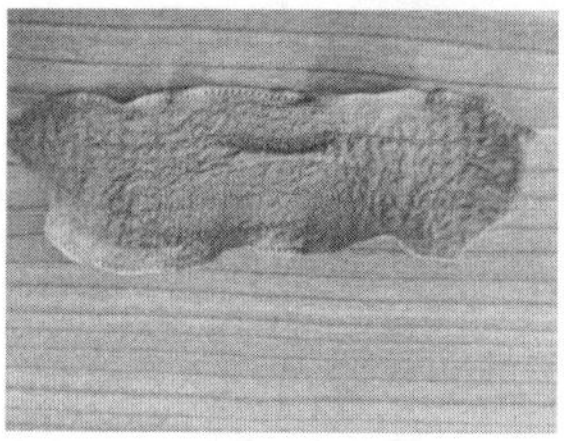

第二节 角色区规则与标识创设的策略

没有自由的秩序和没有秩序的自由，同样具有破坏性。这句话深刻地揭示了秩序与自由之间的微妙平衡关系，这在幼儿园角色区的创设中同样适用。角色区不仅是幼儿模拟成人社会、体验不同社会角色的游戏空间，还是促进他们的社会性发展的重要教育环境。幼儿的发展具有阶段性，且每个阶段都展现出独特的认知、情感及社会性特征，基于此，角色区的规则与标识创设必须精准对接幼儿的年龄特征和发展需求。恰当的规则与标识不仅有助于维护角色区的有序性，还能在无形中培养幼儿的规则认同感、自我管理能力及社交技能。

下面将详细探讨如何根据幼儿的年龄段来精细化创设角色区的规则与标识，力求为他们打造一个既充满活力又不失秩序的活动空间，从而助推他们的全方位成长。

一、小班角色区规则与标识创设的策略

（一）小班角色区规则创设的策略

1. 合理设置，培养规则意识

角色区活动内容丰富、形式多样，规则也会比较多元，因此需要幼儿从一开始就有一定的规则意识。小班幼儿刚开始对区域活动的环境和材料都不熟悉，有些幼儿较内向，缺乏主动参与活动的意愿，有些则经验不足，也不知道可以选择什么材料来玩。因此，在幼儿入园初期，逐步建立合理的入区规则，有利于幼儿规则意识的培养。

2. 师幼共设，以利于理解和接受

小班角色区的规则应由教师和幼儿一起商讨制定，由所有幼儿共同遵守和维护，了解和理解这些规则的含义有利于幼儿接受与遵守。

3. 适时调整，保障安全有序

为了保证角色区活动能有序、安全、顺利开展，在动态的活动过程中，要不断修改和完善规则。角色区活动内容的变化要求规则有相应的改变。此外，在出现一些问题后，教师要引导幼儿讨论，找出解决问题的方法，调整原有的规则或增加新的规则，保证区域活动的有效继续。比如，在中班、大班“小吃店”等活动中，一般会提供一些辅助材料和工具，如剪刀等，对于此类须进行安全引导的内容，应及时给予幼儿关注和提醒，保障游戏安全、顺利进行。

（二）小班角色区标识创设的策略

1. 应有一定的目的性

幼儿需要一个丰富、有序、安全的环境来进行游戏、运动、学习等各项活动。创设小班角色区标识时应从教育性出发，充分考虑本班幼儿现阶段的教育目标和兴趣。环境是无声的教师，每个标识都能成为幼儿认知发展的途径。比如，在小班“动物王国”活动中，利用各种动物图片及动物喜欢的食物进行材料标识的制作，有助于幼儿认识各种动物，了解动物喜欢的食物，培养初步的关联思维。

2. 应抓住幼儿的兴趣点

小班幼儿的年龄特点决定了他们的兴趣点是多样的、暂时的。专注幼儿的兴趣点，为标识的有效运用做铺垫显得尤为重要。幼儿喜欢的动画角色图片、美味的食物等更能吸引他们的注意。

3. 应符合幼儿的年龄特点

小班幼儿的思维以直观、形象思维为主，在标识设计中可用材料图片标明，也可采用一一对应的方式，即在材料托盘与材料柜上一一对应，如影子配对、关联对应等。同时，可选择与幼儿实际生活息息相关的图案，清晰明了，便于幼儿辨认，从而正确取放材料。一些墙面上指导幼儿操作的示意图，也应易于幼儿理解。通过示意图的引导，幼儿能明白操作的步骤，从而更好地开展角色区活动。

二、中班角色区规则与标识创设的策略

（一）中班角色区规则创设的策略

1. 珍视活动中的插曲，重视规则的价值

中班幼儿的“自我中心”思维与社会规则意识形成之间会产生一定的对冲。因此，在角色区活动开展过程中，幼儿经常因为角色扮演、材料使用、有人违规等产生矛盾，互相告状、寻求教师帮助的现象也比较多，这会影响活动的正常开展，也容易引发安全问题。教师要耐心对待并珍视这些活动中的插曲，帮助幼儿分析、判断，使幼儿形成一定的规则意识，培养幼儿化解矛盾和解决问题的能力。

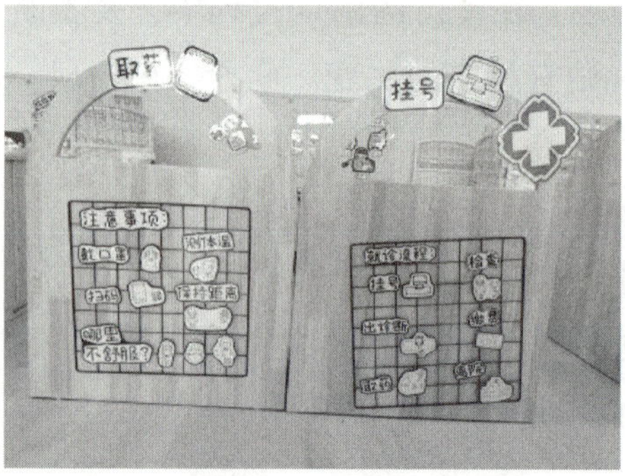

“小医院”的相关流程与注意事项

2. 借助环境进行暗示，内化规则行为

环境是重要的教育资源。利用环境对幼儿进行规则教育，能直观、有效地提醒幼儿，加深、巩固幼儿对规则的认识，让幼儿在每个角落都能受到有益的熏陶。

3. 关注活动后的回顾，及时化解冲突，优化规则

中班幼儿对于规则及社会准则已有一定的认知，其是非观也正在形成，语言表达能力也在不断提升。因此，活动后的回顾总结环节尤为重要，是幼儿表达活动感受的重要途径。除了对有趣内容的回顾外，幼儿喜欢做“老娘舅”和“警察”，也喜欢向教师等“投诉”同伴的不良行为，因此教师应适时适度地让幼儿表达与交流，这样可以有效地帮助幼儿改正行为、化解矛盾、优化活动规则，有利于后期活动的顺利进行和幼儿的社会性发展。

（二）中班角色区标识创设的策略

1. 充分考虑幼儿的年龄特点

在创设角色区标识时，应该充分考虑中班幼儿的年龄特点，可以采用丰富的图

形和图案作为基本组成元素，也可以请幼儿参与标识创设，让他们自己画一画。

2. 紧抓幼儿的兴趣点

为了充分发挥区域标识的作用，提高幼儿的注意力水平，在创设角色区标识时，应该紧抓幼儿的兴趣点。在确定标识元素时，应尽可能与幼儿的兴趣点相融合，从而增强角色区标识的实际作用，增强幼儿的学习动力。

三、大班角色区规则与标识创设的策略

（一）大班角色区规则创设的策略

1. 讨论协商，形成必要规则

在活动开始前，教师可以通过集体讨论或小组讨论的方式，引导幼儿理解区域活动规则制定的重要性，引发幼儿关注规则制定的过程和存在的问题，并感受制定规则的必要性。

2. 发现问题，细化具体规则

幼儿的活动是生动的，幼儿是在不断发展的，教师要从动态的角度来看规则并进行相应的补充调整。在活动中发现问题或发现原定的基本规则不妥时，教师也应满足幼儿的需求，适当调整和细化规则。

（二）大班角色区标识创设的策略

1. 创设多种类型的标识，体现主体意识

大班标识的创设应该由幼儿完成。幼儿的想法及表现形式各不相同，教师在放手让幼儿去创设标识的同时，要允许标识类型及呈现方式的多样化。符号、图画、实物等多种类型的标识可以真正体现幼儿的主体意识。

2. 创设符合幼儿年龄特点的标识，体现教育价值

创设符合大班幼儿的年龄特点、有一定难度的标识，可以更好地增强幼儿的逻辑性。图形、排序、数量关系、方位等知识内容的渗透可以在日常活动中丰富幼儿的认知，锻炼幼儿的思维。

四、中班混班角色区规则与标识创设的策略

（一）中班混班角色区规则创设的策略

1. 正确认识规则对于幼儿的发展和教育价值

规则的制定不只是教学的工具和手段，也是幼儿发展到一定的年龄阶段自然要去做的，反映了幼儿的发展水平。因此，应注重恰当地开发、提倡和利用规则在活动中的作用，促进幼儿的发展。

2. 发挥幼儿的自主性、创造性

要让幼儿获得充分的自由和被尊重的感觉，培养他们发现问题和解决问题的能力。活动规则只有让幼儿自己制定，才能更容易被他们理解和遵守，才能让角色区活动真正成为幼儿生活、发展中不可缺少的活动。

（二）中班混班角色区标识创设的策略

1. 设计观察性、可操作强的标识

结合实际的区域情况，设计观察性强、可操作的标识，在方便幼儿活动时拿取材料的同时，也方便教师在活动中进行指导，并能根据活动时的情况进行调整。

2. 师幼联动，发挥幼儿主体作用

幼儿在活动中应起主体作用，教师鼓励幼儿进行标识的创设，这既可以发挥幼儿的主体作用，又能创作出符合幼儿实际情况的标识。

五、全园混龄角色区规则与标识创设的策略

（一）全园混龄角色区规则创设的策略

幼儿期是规则意识培养的关键期，规则意识的培养是社会性教育的重要目标和内容。全园混龄角色区俨然一个“小社会”，需要更多的规则来约束、规划，确保活动以“小”应“大”。

在活动前应讨论制定规则，确保活动顺利开展；在活动中培养幼儿的规则意识，推动活动发展；在活动后应适时更新规则，强化幼儿的规则意识。

（二）全园混龄角色区标识创设的策略

1. 师幼协商创设标识

幼儿的参与意识很强，特别是中班、大班幼儿已具有一定的问题分析能力，自主性较强。在标识的建立过程中，教师应把侧重点放在引导幼儿发现问题、解决问题，进而创设标识。如果幼儿与教师一起商讨创设标识，那么他们会更了解标识。

2. 不断调整、完善标识

有些标识的创设常常是不能一步到位的，需要逐渐完善。作为幼儿活动的支持者，教师应该善于观察他们的真正需要，并根据他们的需要调整计划，以促进他们积极探索、学习和创新。

第三节　角色区规则与标识创设案例

一、角色区规则创设案例

（一）小班角色区规则创设案例

小班角色区“娃娃家”规则创设案例

情境描述

幼儿在“娃娃家”进行角色扮演游戏

小钰走向了“娃娃家”，她直接走到灶台边拿起一个碗和一个锅铲，这时轩轩走过来说：“你还没有选你今天要当谁呢！”小钰低头看了看自己的胸前，没有游戏挂牌，然后她就走到放置角色挂牌的地方选择了“妈妈”的挂牌，对轩轩说：“我今天当妈妈，我要给宝宝泡奶粉喝。”于是，她拿了奶瓶和奶粉罐放在桌子上，又用勺子舀了一些奶粉装在里面。

轩轩转头看看小钰说：“你当妈妈，我当爸爸。你给宝宝喂奶，那我就洗碗，烧饭给宝宝吃。”小钰点了点头。于是，轩轩拿了一瓶洗洁精和一个抹布，开始洗碗。

分析

受年龄特点的影响，小班幼儿在游戏时往往缺乏规则意识，容易出现争抢玩具、角色混乱等问题。此案例中，在角色挂牌的帮助下，幼儿在进行“娃娃家”角色扮演游戏时基本能够初步明确自己所扮演的角色及在此角色下可以进行的游戏内容。同样，受家庭因素影响，爸爸妈妈在家做的事也是幼儿所熟悉和愿意模仿的内容，这也是“娃娃家”游戏受小班幼儿喜爱的原因之一。

教师指导与反思

在幼儿园小班中，角色区是幼儿园最喜爱的游戏区域之一，因此，创设合理、明确的角色区规则至关重要。首先，规则要贴近幼儿生活。在制定规则时，要充分考虑幼儿的年龄特点和认知水平，选择贴近幼儿生活的规则内容，以便于幼儿理解和遵守。其次，规则要具有可操作性。规则不仅要明确具体，还要具有可操作性。例如，可以通过角色挂牌、玩具分类标签等，将规则直观地呈现在幼儿面前，以便于幼儿遵守。再次，规则要得到灵活调整。教师要不断观察幼儿的游戏行为，根据实际情况对规则进行调整和优化。同时，要鼓励幼儿参与规则的制定和调整过程，增强他们的规则意识和自主性。最后，规则要与教育目标相结合。在制定规则时，要充分考虑教育目标的要求，将规则与教育目标相结合。通过规则的创设和实施，促进幼儿在游戏中的全面发展。

（苏州大学附属吴江幼儿园　朱子灵）

（二）中班角色区规则创设案例

中班角色区“小医院”规则创设案例

情境描述

敔然、文硕、沐沐选择了“小医院”游戏，敔然和沐沐都想当“小医生”，不约而同地穿上了“小医生”的衣服，戴上了“小医生”的帽子。“小医生”的服装只有两套，看到敔然和沐沐穿上了“小医生”的服装后，文硕也想穿。敔然对文硕说：“可是衣服只有两套，都被我们穿掉了，医药箱也能代表小医生，要不给你。”敔然边说，边用手指着规则牌上的医药箱图案。听敔然这么说，文硕就拿起了放在柜子里的医药箱，拿出听诊器和针筒等，开始履行“医生”的职责。

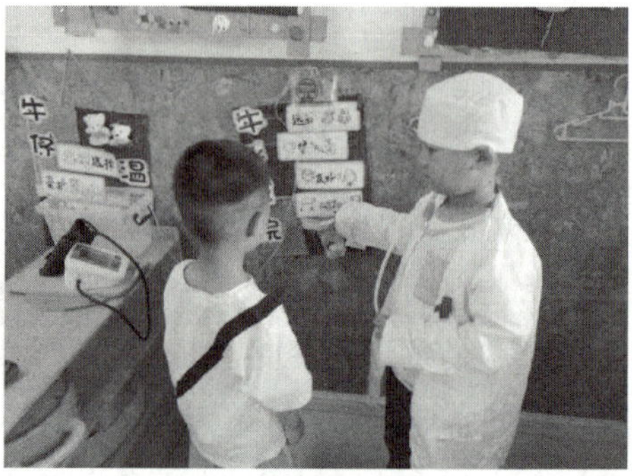

幼儿在“小医院”进行角色扮演游戏

分析

敔然对于医生身份已有一定的理解，能确定自己在游戏中的身份，也知道哪些游戏材料代表了医生的身份，并能理解“小医院”规则牌上的规则含义，提醒同伴文硕，不是只有医生服装代表医生身份，医生用的医药箱也可以代表医生身份。敔然已对“小医院”规则进行了内化，有了自己的理解，具有了初步的角色意识和合作意识。

教师指导与反思

在幼儿已经理解并掌握游戏规则的前提下，教师可以通过多种途径，再次加强幼儿对其他区域游戏规则的理解。教师可以利用实际生活情境和图书故事，向幼儿介绍一些必要的社会行为规则，以及说明为什么要遵守这些规则。在区域活动中，教师可以创设情境，让幼儿体会没有规则的不方便，鼓励他们讨论制定规则并自觉遵守规则。同时，对幼儿表现出的遵守规则的行为要及时肯定，对违规行为要给予纠正。

（江苏省汾湖高新技术产业开发区实验幼儿园　王艳、王逸凡）

（三）大班角色区规则创设案例

大班角色区“餐厅”规则创设案例

情境描述

幼儿给“餐厅”制定规则

馨馨帮小孔系上围裙，做好准备工作后，“小包子餐厅”开张了。他们迎来了第一个“客人”琦琦，他点了一份鸡腿，馨馨负责招待他，小孔为他烹饪食物。吃完后，琦琦转身想要走。小语叫住了他：“等等，你还没给钱呢。”

“小包子餐厅”生意不错，一些“客人”将吃剩的食物还回来时直接把食物堆在其他食材上面，有的滚落到地上。这时，走来了“娃娃家”的昕昕和“儿童医院”的“医生”玥玥，她们看到地上的食物，对小孔说：“你们小包子餐厅怎么这么脏，我们不想来吃了！”小孔、馨馨和小语一起将地上散落的食物收拾干净。馨馨说：“肯定是小李，我看到他很快放下食物就去别的地方玩了，这个汉堡就是他点的。”小孔说：“我们是老板，我们得整理啊！”“我们要不做个牌子，让他们放到桌子上，不要扔在食材柜子上。”“好啊！”小语的提议得到了馨馨和小孔的支持。

分析

大班幼儿在游戏中有较强的规则意识，能明确自己的角色和任务，也能发现游戏中同伴需要改进的行为。案例中幼儿扮演的小客人忘记付钱时“餐厅老板”会主动提醒他；“小客人”发现“餐厅”地面脏乱、不卫生时，会向“老板”提意见。“餐厅老板”也有明确的解决方法。

教师指导与反思

首先，要为幼儿的角色区规则创设探索提供支持。在幼儿对角色区游戏现状感到不满，想要制定规则时，教师应给予幼儿物质和精神上的支持，鼓励他们大胆表达自己的想法。

其次，要为角色区规则的征集和创设集思广益。幼儿是活动的主体，角色区规则的创设应聆听幼儿的声音。在活动后的评价环节，教师可以组织幼儿一起思考在活动中遇到的问题及如何才能避免出现这些问题，进而创设规则，促进幼儿更有序地开展角色区活动。

（江苏省汾湖高新技术产业开发区实验幼儿园　陆叶婷）

（四）中班混班角色区规则创设案例

角色长廊“超市”规则创设案例

情境描述

角色长廊的“超市”里投放了新食材，“顾客们”都拿着篮子去“超市”买东西，鑫鑫在后面说：“你们不能买这么多汉堡，我们都没有了。”琪琪对着飞飞说：“你插队！我在前面。”飞飞说：“明明是我先到的，你到后面去！”“超市”出现了抢购现象。

幼儿随意插队

幼儿按照规则排队

分析

幼儿经常跟着大人逛超市，但是游戏和现实还是有很大不同的。幼儿是和家长一起去超市的，极少会自己独自去超市采购，因此他们在游戏中会出现一次性购买物品过多及插队的情况。

教师指导与反思

这一现象出现的原因有三：一是新材料吸引了幼儿的注意力，他们对新鲜事物很感兴趣；二是“食材”量不多，物以稀为好；三是没有形成或制定采购规则。主要的应对策略有四：一是增设“超市管理员”，维持秩序，引导“顾客”正确采购；二是增加“食材”数量，或者引导幼儿制作新“食材”；三是引入和使用“货币”，可以是幼儿通过“工作”、表现赚取的“货币”；四是师幼共同分析情况，制定规则或者有所约定。

（江苏省汾湖高新技术产业开发区实验幼儿园　张哲翀）

（五）全园混龄角色区规则创设案例

全园混龄角色区“奶茶店”规则创设案例

情境描述

一进“奶茶店”，小朋友们就穿梭在“奶茶店”的各个区域，过了一会儿，“奶茶店”里变得很拥挤。大部分小朋友挤在一个小小的“制作台”前，“点单区”“取餐区”却无人，很快“奶茶店”就难以运营下去了。小朋友们整理材料准备离开时，又出现了问题，他们纷纷问道：“老师，这个放哪里?”“老师，怎么收拾啊?”……因此，如何规划布局“奶茶店”成了迫切需要解决的问题。

“奶茶店”操作区规则

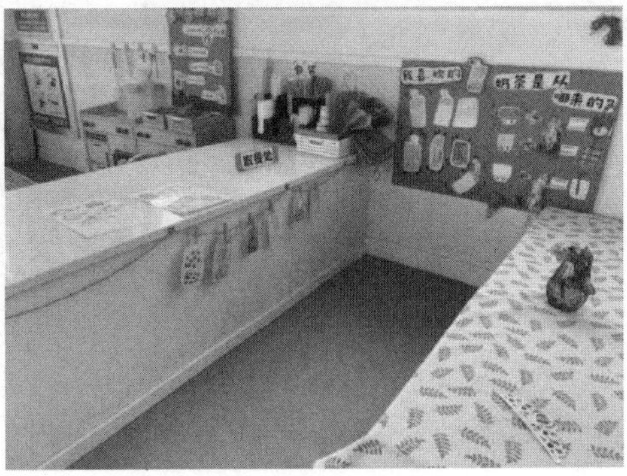

“奶茶店”游戏规则

分析

《指南》指出，幼儿要“感受规则的意义，并能基本遵守规则”。因此，设置一定的规则是必要的。当然设置规则不是让幼儿去死记规则或不断提醒幼儿遵守规则。这样既不能使幼儿理解规则的意义，也会使幼儿丧失在游戏中的自主性。

教师指导与反思

教师首先和幼儿应共同商讨，将“奶茶店”分为“制作区”“点单区”“品尝区”等区域，在这些区域设置规则，方便角色分配及整理收纳。幼儿根据自己的想法设计规则的摆放位置。幼儿对“奶茶店”空间的观察和规划过程，可以提升幼儿的空间感知能力。幼儿讨论及表达自己的想法，既增强了语言表达能力，也增强了人际交往能力。

（苏州大学附属吴江幼儿园　周洁）

二、角色区标识创设案例

（一）小班角色区标识创设案例

一个家里出现了两个爸爸

小班“娃娃家”标识

情境描述

小班“娃娃家”游戏刚开始没多久，西西和晨晨就吵起来了。西西说：“我才是爸爸，这是我的衣服。”晨晨说：“你不是这个家的，我才是这里的爸爸。”老师走过去，问道：“你们究竟谁是‘童童家’的爸爸呢?”西西说：“我是。”晨晨争执道：“我才是，我和小玉一起的，她是妈妈，我是爸爸。”西西说：“我和小玉一起的，她是我朋友。”老师就问小玉说：“小玉，谁是你家的爸爸呀?”小玉看着晨晨和西西说：“老师，是晨晨先进来的，可是西西和晨晨脖子上都挂着‘爸爸’的牌子。”西西说：“老师，我也有牌子，我也是在‘童童家’门口拿的。”老师看了看两个“爸爸”的挂牌，说道：“西西，可能是之前的小朋友挂错了地方，你这个‘爸爸’挂牌是‘琳琳家’的，你看你挂牌上画的爸爸是戴眼镜的，晨晨那个是不戴眼镜的。”

分析

小班幼儿入园两个月后，已经有一定的游戏经验和角色意识，角色挂牌在小班角色游戏中有一定的引导作用，可以帮助幼儿识别自己的角色。案例中两个“爸爸”在一个家是标识“爸爸”的两个牌子都挂在“童童家”门口导致的。两个“爸爸”的挂牌只有是否戴眼镜这个细微的差别，这对于小班幼儿来说比较难识别。

教师指导与反思

教师了解到幼儿争吵的原因时就开始思考如何更好地解决这个问题，以及怎样避免以后再发生此类问题。为了实现更好的幼儿互动，教师往往将两个“娃娃家”设置在一起，因此“娃娃家”的“爸爸”“妈妈”也可能在不同“娃娃家”串来串去，对于角色意识或识别能力不是很强的幼儿来说，很容易出现类似情况。怎样让幼儿在清楚自己的角色的同时知道自己是属于哪个家庭，并有一家人要在一个家庭的概念呢？教师最后通过“全家福”标识来引导幼儿，让其有一定的归属感。同时，还设计了不同风格的两组“娃娃家”的“爸爸、妈妈、宝宝”挂牌，与“全家福”中的人物形象一致，以帮助幼儿更好地了解角色，把握角色特点。

（苏州大学附属吴江幼儿园　彭杰）

有用的流程图

情境描述

在“娃娃家”游戏中，三三和一鸣分别在扮演着妈妈和爸爸。看到一鸣拿着饭勺不停地在电饭锅里搅拌、打圈，三三说：“爸爸，你不要再玩电饭锅了，快做饭吧。”一鸣笑着对三三说：“你猜，我做了什么大餐?”三三听到一鸣的话就放下了“宝宝”，跑过去看着电饭锅。三三问：“炒青菜吗?”“对。”一鸣笑着说。三三又说：“你的青菜太大了，宝宝吃了要吐的。”一鸣安慰三三说：“不会的，咬一咬就好了。”可三三还是坚持说：“我们的宝宝这么小，他咬不动，你把它弄小点吧!”听了三三的话，一鸣开始用塑料刀切青菜。

分析

小班幼儿喜欢玩做饭游戏，并且在“做饭”的过程中很爱做“翻炒”的动作。但随着幼儿的经验积累及活动的深入，他们的游戏分工和游戏动作越来越细化，“做饭”也发展出了买、洗、切、烧（炒、蒸、煮、烤）等多样化的游戏动作，这与幼儿的发展需求有关。

有用的流程图

教师指导与反思

幼儿的经验，有的是来自生活的直接经验，有的是来自标识、环境的间接经验。在角色区游戏结束后，师幼共同讨论了做饭的流程及做饭的方法，幼儿的经验大多来自家中长辈做饭的生活场景，但还是比较零散的。因此，具体、清晰的标识可以帮助幼儿做事，如“做饭流程图”可指导幼儿一步步进行操作。厨师戴帽子、系围裙的标识告知幼儿在进入制作区前需要做的事情是什么。类似的，还可以在“娃娃家”中，通过设置步骤图将叠衣服、穿衣服等过程呈现出来，引导幼儿自主观察、学习、操作。

（江苏省汾湖高新技术产业开发区实验幼儿园　周婧）

（二）中班角色区标识创设案例

中班角色区“娃娃家”标识创设案例

情境描述

萌萌在“娃娃家”扮演“娃娃”的妈妈。萌萌给“娃娃”喂完饭后说：“宝宝，妈妈给你洗澡吧！”然后帮“娃娃”把衣服脱了，看了看墙上的洗澡步骤图，说：“嗯，我要先给你洗个头。”她假装挤了些洗发水，涂在“娃娃”的头上，洗完头后又按照步骤给“娃娃”洗澡、擦干，然后将“娃娃”抱到桌上说：“穿衣服前还要擦香香呢！”

幼儿给“娃娃”喂饭

幼儿给“娃娃”洗澡

分析

《指南》指出：“幼儿的社会性主要是在日常生活和游戏中通过观察和模仿潜移默化地发展起来的。”幼儿对于日常洗澡的步骤有点不太清楚，因此教师引导幼儿讨论日常洗澡步骤，并画下来贴在“娃娃家”淋浴房的墙面上。幼儿能根据墙面上的洗澡步骤标识，正确地帮“娃娃”脱衣、洗澡和“擦香香”等。这说明幼儿在角色区游戏时，墙面上的标识能起到一定的提示和引导作用。

教师指导与反思

幼儿多以直观性和形象性思维为主。相较于其他方式，角色区标识作为一种简单、形象的指引符号，更能吸引幼儿的注意力，使幼儿在游戏中通过观察了解、学习到正确的游戏行为。幼儿亲身参与墙面标识的讨论、制定和绘画，更有利于幼儿接受和牢记相关知识，体现了幼儿本位的思想，也强调了环境因素在教育中的作用。

（江苏省汾湖高新技术产业开发区实验幼儿园　计凯红）

（三）大班角色区标识创设案例

大班角色区“小吃店”标识创设案例

情境描述

游戏开始了，轩轩在“小吃店”吆喝着，可半天也没有人来。他对玲玲说：“一定是店里很久没推出新品，大家都不要吃了。”玲玲说：“那我们一起做点美食吧！”说完，两个人开始做起了比萨。比萨做完了，轩轩准备把它放在售卖柜上，却发现食物太多，放不下了。轩轩跟老师说：“老师，我们小吃店的盘子太少了，放不下了怎么办呢？”老师提醒轩轩道：“拼一拼可不可以呢？”轩轩说：“那其他小吃店的小老板不知道怎么办呀？”这时，玲玲回答道：“我们可以画一画来做标识。”说完，轩轩和玲玲两个人便开始给材料柜画起了新的标识。

幼儿画的“小吃店”分类标识

分析

轩轩发现“小吃店”里一个“小客人”都没有，但他没有气馁，而是认真地找原因并和同伴一起克服困难；活动时能与同伴分工合作，遇到困难能一起克服。在发现“小吃店”盘子不够，无法处理问题之后，轩轩马上找老师帮忙，一起探讨问题。这说明幼儿愿意与他人讨论问题，敢在众人面前说话。得到解决方法之后，轩轩和玲玲做起了新标识，愿意用图画和符号表现事物或故事。这些都是幼儿通过角色游戏获得的核心价值。

教师指导与反思

《指南》指出，要“鼓励幼儿自主决定，独立做事”。针对游戏中出现的问题，教师没有直接告诉幼儿该怎么做，而是引导幼儿思考可以怎么做；在给出一定的提示后，让他们自己想办法解决问题，鼓励他们画标识、贴标识，做游戏的主人。

（江苏省汾湖高新技术产业开发区实验幼儿园　金晓霞）

（四）中班混班角色区标识创设案例

角色长廊标识创设案例

情境描述

游戏结束时，思彤和子航收拾材料。

思彤：这些刚做出来的饼干和其他美食放哪里？

子航：放盘子里就行了吧！

思彤：盒子放哪里，桌子上吗？

这时两个孩子拿着盒子过来问老师。

老师：你们觉得制作完成的美食放哪里比较好？

思彤：放在柜台上，这样下次小朋友们就可以做买卖了。

老师：很好，柜台就是用来展示我们的食物的，那你们觉得放哪一层比较合适呢？

子航：哪里空就放哪里？

老师：对的，需要一个空的位置放新甜品。如果你是老板，你会把自己店里新做出来的食物放在显眼的位置还是不显眼的位置呢？

思彤：放在显眼的位置，这样客人一眼就能看到，会买我们的东西。老师，我们做个标识，把新做好的食物放在柜子的最上面。

最后，思彤和子航一起画了标识，贴在了柜子的最上面一层。

幼儿在绘画标识

幼儿在调整标识

分析

《纲要》指出，幼儿的社会学习具有潜移默化的特点，幼儿通过每日的生活和活动，不断积累相关经验。在幼儿园角色区中，标识的作用不容忽视。它们不仅能帮助幼儿迅速识别和进入各个角色扮演的区域，还能进一步增加他们的社会性经验。例如，“小餐厅”里新做出来的食物应该摆放在哪里，是随意摆放还是摆放在显眼的位置呢？在教师的引导下，幼儿联想到自己的实际生活经历，想到超市总是将新品摆放在顾客一眼就能看到的地方，还会设置醒目的标识牌。于是，幼儿也将自己制作的食物新品摆放在柜台的最上面，并设计了漂亮的标识。

教师指导与反思

标识并不仅仅是简单的写写画画，其制作和展示也能促进幼儿社会性经验的增加。在“小餐厅”区域，标识内容应与食物、服务等相关。对于新品食物，可以选择“今日特色”“新品推荐”“厨师推荐”等字样，或者画上诱人的食物图案来吸引顾客。在幼儿的角色扮演中，教师还可以指导幼儿根据标识上的内容来进行交流和互动，如询问客人想要吃什么、推荐特色菜品等。这样不仅可以提高幼儿的沟通能力和合作能力，还可以让他们更好地体验和理解社会生活中的各种角色与职责。

（江苏省汾湖高新技术产业开发区实验幼儿园　蒋志兰）

（五）全园混龄角色区标识创设案例

全园混龄角色区“奶茶店”标识创设案例

情境描述

在规划完“奶茶店”的区域后，如何制作规则和标识呢？这不，教室里充满了小朋友们的讨论声。“可以在奶茶店里的点单区制作一块关于各种各样的奶茶的标识。”“制作区可以放一块怎样制作的标识。”“要做一块告诉小朋友多少人可以进来的标识，人满就不可以进来了，不然太挤了。”……小朋友们你一句我一句地讨论着，最后分组，小朋友在自己选择的小组开始制作标识。

“奶茶店”规则标识

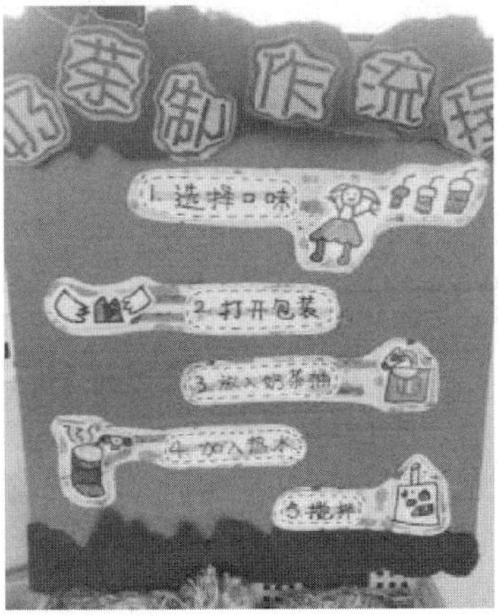

奶茶制作流程标识

分析

《指南》指出，“在保证安全的情况下，支持幼儿按自己的想法做事；或提供必要的条件，帮助他实现自己的想法”。通过观看视频、图片等形式，幼儿共同制作奶茶店的标识。在制作过程中，幼儿既增强了动手操作能力，也树立了社会意识。

教师指导与反思

根据幼儿的兴趣点，师幼对“奶茶店”的标识进行了制作。一是进区：关于人数规定及进区注意事项。二是点单区：关于奶茶的可选择种类，以及如何点单和取单。三是操作制作区：关于奶茶的制作流程和归类方式。四是品尝区：关于如何品尝奶茶和休息。幼儿完成“奶茶店”的区域规划及标识制作后，“奶茶店”开业啦，他们有序地排队，认真地制作，开心地品尝……通过这次活动，幼儿既了解到了奶茶知识，也有了主人翁的感觉。在“奶茶店”游戏开展的过程中，幼儿体会到了没有标识的不方便，也更加懂得了标识的重要性。

（苏州大学附属吴江幼儿园　周洁）

第五章 丰富适宜　动态调整

——角色区材料投放

本章概要

角色区材料是幼儿活动时所用玩具和物品的总称，是幼儿角色区活动的中介，是幼儿进行角色区活动的物质基础。因此，如何投放角色区材料显得尤为重要。本章主要对角色区材料及其投放进行阐述，从角色区材料投放概述、各年龄段幼儿角色区材料投放的基本要求与策略，以及角色区材料投放案例这三个方面进行具体讲述。

思维导图

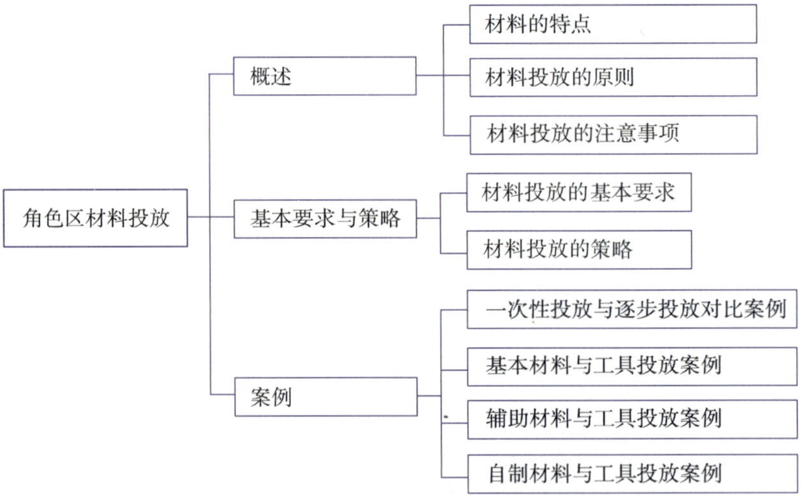

第一节 角色区材料投放概述

一、角色区材料的特点

（一）角色性

角色区活动区别于其他区域活动的最大特点是幼儿在活动中扮演一定的角色。幼儿利用区域中的相关材料进行装扮，这可以激发其参与游戏的兴趣，形成角色意识，达到扮演角色的目的。例如，幼儿扮演爸爸，可以戴上领结；幼儿扮演护士，可以穿上护士服、戴上护士帽。这些具有角色特征的材料能够很好表现幼儿的角色。

（二）生活性

角色区种类较多，内容丰富，有“娃娃家”“小吃店”“小医院”“理发店”等。“娃娃家”中的锅碗瓢盆，“小吃店”中的各样食品，“小医院”中的药品、针筒等医药工具，都是贴近幼儿生活的材料，成本低且收集和使用方便，从幼儿的生活中来，到幼儿的生活中去。这些生活化的材料给予幼儿更多的活动机会，丰富幼儿的经验。教师可以在角色区投放真实生活中的材料，如衣服、奶瓶、蔬菜，激活幼儿的生活经验，给他们真实的活动体验。

（三）变化性

材料是幼儿顺利进行角色区活动的物质保障。材料不是一成不变的，根据活动主题、幼儿的兴趣和生活经验等，可以对角色区材料适当地进行增减。在幼儿熟悉并掌握当前材料的玩法后，可以增加一些新材料以进一步提升幼儿的活动体验。幼儿在角色区发现新的材料，会感到新奇，这种新奇感能持续激发幼儿的好奇心和参与欲望，并为幼儿提供更广泛、更丰富的学习体验和经验。

（四）开放性

开放的、低结构的材料操作性强，性质不定，玩法亦不同。皮亚杰曾指出，儿童的智慧源于材料。相比于外观美丽、结构固定的高结构材料，开放材料的玩法由幼儿决定，能更好地激发幼儿的想象力和创造力。比如，一个松果可以是一个话筒，也可以是一个鸡腿，还可以是一个炸弹；一块布可以是一个围兜，可以是一件衣服，也可以是一块披风。当找不到相应的物品时，幼儿可以以物代物、一物多玩，让其他物品充当自己需要的物品。幼儿可以充分利用开放的材料，让材料各尽其用，让角色区活动更加生动、有趣。

二、角色区材料投放的原则

（一）安全性、卫生性原则

安全性与卫生性是角色区材料最根本的属性，也是区域活动开展的保障。要将幼儿的安全放在首位，为幼儿提供无毒无味无尖角、大小适宜、卫生合格的无安全隐患材料，并定期清洗和消毒。同时，大部分角色区材料来源于生活，而生活中的材料是丰富的、多样的，这些材料与幼儿的教玩具还是有一定区别的，其卫生、安全情况等都未经过相关部门的鉴定和审核。因此，幼儿园在将此类生活材料运用到角色区活动中时需要对其进行筛选和清洁，甚至需要进行一些处理，如对一些铁锅、奶粉罐进行包边等，以保障幼儿安全。

（二）丰富性、适宜性原则

角色区活动玩法不一，需要丰富的材料支持幼儿的想法，同时也要考虑教育目标和幼儿发展需要，投放适宜的材料。例如，在“小饭店”提供多样化的玩具厨具和食品，如塑料刀、砧板、炉灶、冰箱、蔬菜水果、肉类、面包、调料瓶等；在“小医院”投放仿真医疗器械，如听诊器、血压计、注射器、药箱、病历本等。所有玩具应都是专门为儿童设计的，尺寸适中，易于幼儿操作。

（三）多元性、层次性原则

多元的材料给幼儿更多的想象空间和表演平台。同时，考虑到幼儿的年龄特点和不同活动水平，有层次地投放材料，可以使活动更深入。提供给幼儿的各种道具、服装、家具等不仅要种类丰富，而且要适合不同年龄和发展水平的幼儿。这样的设计旨在满足幼儿多样化的活动需求，同时促进他们在社交、情感、认知等多方面的发展。随着幼儿对某个角色或场景的理解加深，可以逐步增加相关的高层次材料。例如，从简单的商店购物游戏开始，逐渐引入货币概念，再模拟真实交易过程，最后加入记账本和计算器，引导幼儿进行简单的数字运算。

（四）真实性、情境性原则

角色游戏是幼儿对现实生活的一种积极主动的再现活动，是幼儿对游戏角色、游戏材料和游戏情境的假想。投放真实材料，可以丰富幼儿的生活经验，并使角色游戏的真实性更强。例如，可以在“小超市”搭建一个小型的超市货架，划分不同的商品区域，如蔬菜区、零食区、清洁用品区及收银区，摆放各种食品和生活用品的模型或标签，以及收银机、购物篮和手推车，让幼儿模拟购物和结账的场景。

三、角色区材料投放的注意事项

（一）小班角色区材料投放的注意事项

1. 以高结构材料为主，以低结构材料为辅

往小班角色区投放材料时，可以多投放高结构材料，适当投放少量低结构材料。小班幼儿的思维属于具体思维，因此形象具体的高结构材料可以让幼儿明确材料的特点和玩法，产生角色意识和行为，如在“娃娃家”，教师可以投放锅碗瓢盆等高结构材料，促进幼儿煮饭炒菜等手部技能的发展，丰富其生活经验；另外，可适当投放各种蔬菜和坚果等低结构材料，促进幼儿想象力的发展。

2. 有目的地投放，凸显角色游戏情境

在幼儿开展角色游戏时，教师要给他们营造一个符合游戏情境的环境，特别是对于小班幼儿，游戏材料的投放要凸显游戏的情境性，这样才能激发幼儿参与游戏的兴趣。例如，小班角色区“娃娃家”的围裙、帽子、眼镜、包等材料可以更好地凸显妈妈的角色形象，激发幼儿运用此类材料进行装扮的兴趣，使其更具角色意识，从而更好地开展角色游戏。

3. 加大同类材料的投放力度，满足幼儿需求

小班幼儿的特点决定了他们更喜欢独自游戏，并喜欢模仿，具有一定的观察思维能力，通过观察、模仿他人的动作、行为等获得经验和体验。因此，角色区中需要多投放具有相同功能的材料，使多名幼儿可以同时进行平行游戏，互不干扰和影响。例如，在小班可以创设多个“娃娃家”，满足多名幼儿同时进行游戏的需求；

在一个“娃娃家”可以投放两个“娃娃”，供不同幼儿“喂养”和“照顾”。

（二）中班角色区材料投放的注意事项

1. 注意低结构材料与高结构材料的投放比例

中班幼儿已经具有了一定的角色意识，不需要成人过多的暗示，此时应当适当投放低结构材料，而非全是高结构材料，两者应结合使用。这样处理难度不大，不会让幼儿无从下手，也不会因低结构游戏材料过多而导致幼儿缺少想象和创造的空间，限制幼儿能力水平的提升。

2. 逐步投放与利用自主材料

中班幼儿的角色经验及能力有了提升，具体形象思维慢慢向抽象思维转化，因此原有的游戏材料已不能满足他们的游戏需求。为了支持幼儿开展游戏，教师需要创设一个可以放置各类材料的自选材料区，让每一个材料都能成为幼儿游戏中不可缺少的宝贝。有效的材料可以激发幼儿的游戏兴趣，从而生成各类游戏主题。教师可以和幼儿一起收集材料，并请幼儿思考这些材料可以用来做什么。例如，对于超轻黏土，幼儿可以根据角色游戏需要进行自主取放，可以在“小吃店”制作甜甜圈、比萨、纸杯蛋糕等，也可以在“花店”制作各种漂亮的花朵。

3. 适时添加辅助性材料、装饰性材料和工具性材料

辅助性材料的添加、装饰性材料的点缀，使幼儿既能发挥想象力又有浓厚的兴趣与新鲜感，可为幼儿的创作想象提供多样化的选择。工具性材料既可以满足幼儿制作材料所需，又能作为角色游戏中的道具。例如，作为最基本工具的纸和笔，在“小医院”可以让“小医生”写病历单；在“火锅店”可以让服务员制作菜单和进行记账；在“照相馆”可以让幼儿画自画像。

（三）大班角色区材料投放的注意事项

1. 活动材料结构不断降低，层次不断增加

大班幼儿的思维特点从具体形象性向抽象性继续发展，因此，大班幼儿的游戏材料应减少高结构材料，增加低结构材料，单一类型的材料已不能很好满足幼儿的游戏需求，开放、松散的游戏材料对幼儿深入游戏更具价值和意义。例如，在“小吃店”中，教师可以更多地投放松果、树叶、小草等低结构材料，幼儿可以将它们作为各种食物，给客人享用。在这样的游戏中，材料被赋予了多种玩法，游戏也能更加深入。

2. 创设材料加工坊，引导幼儿自制活动材料

大班幼儿相较于中班幼儿更具有自主性和能动性。因此，教师可以在班级中设立材料加工坊。当幼儿需要某种材料但是区域中没有时，他们可以去材料加工坊中

选择相应的材料，并制作成当前需要的材料。例如，在“理发店”中，客人需要理成卷卷的发型，但理发店中没有相应的材料，此时幼儿可以去材料加工坊中选择彩纸等工具制作需要的发型，发挥主观能动性。

（四）中班混班角色区材料投放的注意事项

1. 有效提供活动材料，数量恰当

根据区域设定的不同，材料的种类也应是多样的，各个区域的材料数量不能太多也不能太少。材料太多会导致幼儿在活动期间无法安心游戏，而是花大量时间去挑选各种材料；材料太少则无法满足幼儿的活动需求，幼儿在活动中不能很好地发挥想象力和创造力。

2. 结合活动的实际情况逐步添加材料

幼儿活动过程中会有多种变化，教师需要根据幼儿发展情况有计划、有针对性地添加一些材料，当现有材料已经无法满足当下幼儿在活动中的需求时就要进行调整，提供适宜材料，拓展深化活动材料后幼儿的发展变化。

（五）全园混龄角色区材料投放的注意事项

1. 投放中等熟悉和中等复杂程度的材料

材料的投放需要遵循层次性原则，这并不代表投放的材料层次越多越好、操作难度越大越好。投放时需要考虑幼儿的“最近发展区”，保证投放的材料是在幼儿的“最近发展区”内，幼儿“跳一跳”是能够操作、获得经验的。超出“最近发展区”的、操作难度过高的材料会导致幼儿无法在操作中获得成就感，或者根本玩不起来，从而失去活动兴趣。

2. 不断调整材料

活动材料不是一成不变的，幼儿在操作、探究的过程中不断积累着经验，能力水平也会不断提高。教师需要根据幼儿当下的活动兴趣和需求，随时扩展和增加材料，同时减去一些能力要求过低的材料，不断促进幼儿和材料之间的相互作用。

3. 材料要看得见、拿得到、放得回

由于是混龄角色区，幼儿之间的身高差距较大，材料的摆放位置会影响幼儿对材料的使用。如果材料摆放得过高，幼儿由于身高不够就会无法使用，所以材料摆放要考虑小班幼儿的特点，不宜位置过高。

第二节 角色区材料投放的基本要求与策略

一、角色区材料投放的基本要求

（一）小班角色区材料投放的基本要求

小班幼儿主要以自我为中心，喜欢模仿，尤其是喜欢模仿家庭成员，因为家庭成员是他们最为熟悉的人。他们也关注周边的生活，如逛超市、去游乐场、品尝美食等。因此，小班角色区主要以家庭类角色区为主，如“娃娃家”“小吃店”等。

1. 基本材料投放要求

小班幼儿刚接触角色游戏，动作技能和语言表达都不成熟，在游戏中处于自我重复操作的状态，喜欢独自游戏。在投放小班角色区基本材料时，应该为幼儿多提供一些色彩鲜艳，外形可爱、逼真的仿真游戏材料。例如，在“娃娃家”游戏中提供成套的厨房用具，包括锅碗瓢盆等；在“小吃店”游戏中提供丰富的美食，如蛋糕、比萨、饮料等。

2. 辅助材料投放要求

在投放辅助材料时候应尽可能避免细小、零碎的材料。辅助材料没有固定的玩法，主要是各种纸、黏土等易操作的材料。同时，一些操作示意图、游戏流程图等，也可以作为辅助材料来帮助提升幼儿经验水平。

3. 自制材料投放要求

小班角色区的自制材料多以教师自制为主，如“小吃店”中的自制“食材”、自制示意图等。自制材料应尽量仿真，以激发小班幼儿的操作兴趣。

小班角色区材料投放示例如表 5-1、表 5-2 所示。

表 5-1　小班角色区“小吃店”基本材料投放示例

材料	作用	举例及图示	
家具	为游戏提供必要的物质设施	操作台、储物柜、餐桌椅等	  
装饰	创设餐厅氛围，美化环境	店名招牌、品牌店的特征和菜点照片等	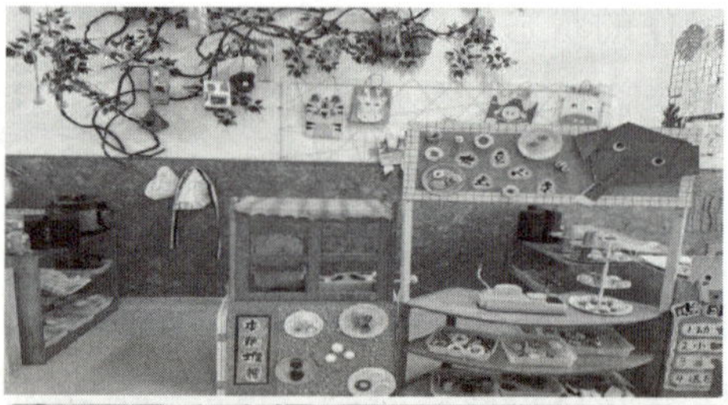 
工作服	激发幼儿的游戏兴趣，培养其角色意识	厨师大褂、帽子及服务员的围裙等	

续表

材料	作用	举例及图示	
厨房用具	幼儿学习厨具的名称和用途，利用材料进行简单的操作	整体厨房玩具，如带灶眼的灶台，煮锅、炒菜锅、勺、铲、菜板、菜刀等	 
餐厅用具	幼儿练习使用器具，训练动作技能，促进交往与语言能力的发展	碗盘、饭勺、筷子、茶壶、茶杯	
卫生用具	幼儿学习收拾、整理玩具，培养不乱扔废弃物的习惯	笤帚、簸箕、抹布	 

表 5-2 小班角色区“小吃店”辅助材料投放示例

材料	作用	举例及图示	
各种食物	利用材料进行互动，为游戏提供必要的物质基础	热狗、饼干、甜甜圈、金针菇、玉米、培根等	 
生活工具	幼儿结合生活经验扩展活动内容，根据电器作用进行基本的操作，促进数概念的发展	电话机、收银机	 
锅具	幼儿结合生活经验扩展活动内容，了解多种烹饪工具和方式	火锅锅具	

续表

材料	作用	举例及图示	
步骤图	幼儿结合生活经验扩展活动内容，知道如何开展游戏，激发游戏兴趣，培养角色意识	厨师工作流程图等	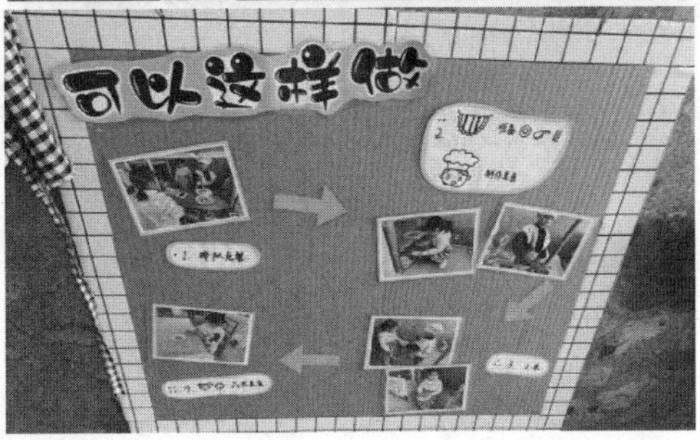

（二）中班角色区材料投放的基本要求

1. 基本材料投放要求

中班幼儿已经有一定的角色意识，因此材料的投放应侧重于加深他们对角色的理解，促使幼儿体现出角色特有的行为动作和语言，并能创造性地游戏。

2. 辅助材料投放要求

在基本材料的基础上，可以通过增加辅助材料来丰富游戏角色和游戏环境。可以提供一些与角色区场景相对应的代表性标志，如“理发店”的旋转灯标志，还可以对现实生活中和幼儿设计的发型图片进行展示，帮助“顾客”与“老板”更好地互动。在“照相馆”游戏中可以提供纸和笔，为幼儿的“照片”可视化效果实现提供可能性。

3. 自制材料投放要求

中班幼儿的操作能力比小班幼儿有较大的提升，因此可以投放一些半成品的材料来引导幼儿共同参与制作。例如，在“美容美发店”中，可以投放毛线、头型模具、浴帽等，引导幼儿尝试设计和制作各种发型；在“甜品屋”中，可投放超轻黏土以供幼儿自制甜品。

中班角色区材料投放示例如表 5-3、表 5-4、表 5-5 所示。

表 5-3　中班角色区“娃娃家”材料投放示例

材料	作用	举例及图示	
家具	创设模拟的家庭环境，引发幼儿扮演家庭游戏角色	小床、餐桌椅、沙发椅、小椅子、小圆桌或者小方桌、衣柜、衣橱	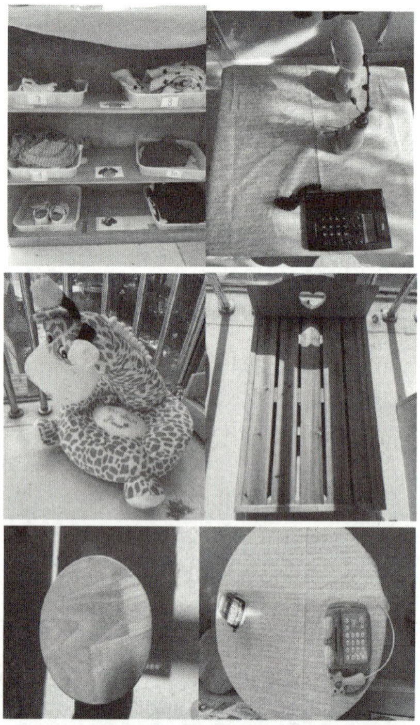
装饰材料	创设生活化的游戏环境，烘托“家”的氛围	门帘、窗帘、桌布，装饰性窗户，花瓶、工艺品、玩具，各种挂饰，“全家福”照片	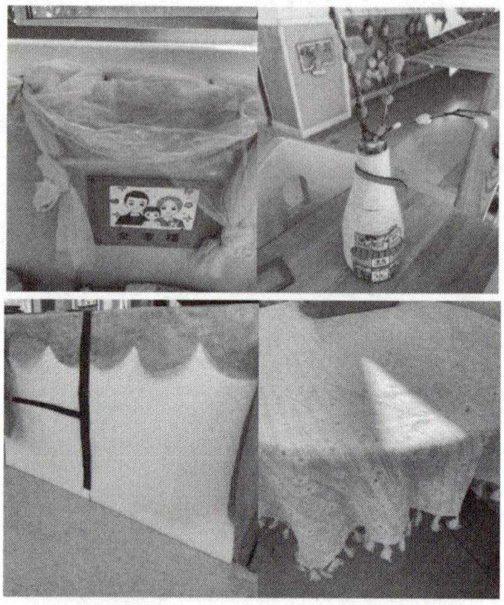
“娃娃”	根据天气变化为“娃娃”选择服装，在照顾“娃娃”的过程中培养爱心	芭比娃娃、塑料仿真娃娃（50 厘米高）	

续表

材料	作用	举例及图示	
厨房用具	根据厨具的用途，利用材料进行操作，训练动作技能；了解制作饭菜的简单方法	煤气灶、烤箱、炒菜锅、平底锅、洗菜盆、切菜板、塑料刀、炒菜铲、汤勺等	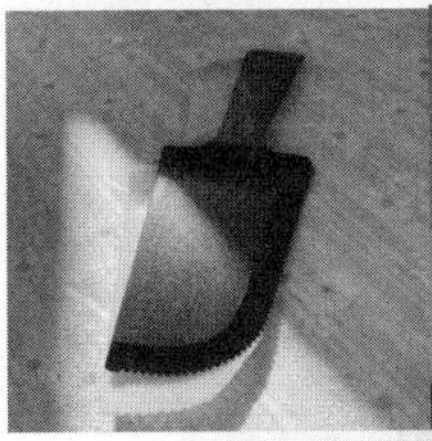  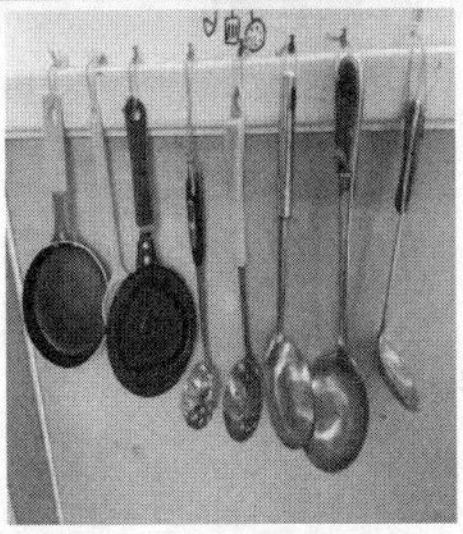
餐厅用具	练习使用筷子，培养动作技能，促进动作发展	碗、盘、勺、筷子、茶壶、茶杯、一次性水杯、搅拌棍、吸管等	  
电器	结合生活经验扩展活动内容；根据电器的使用说明进行基本操作	可视电视、可视 VCD 机和 VCD 盘、可听录音机和录音带、自制洗衣机、空调、旧电话机、手机等	   

续表

材料	作用	举例及图示	
常用物品	丰富游戏情节，养成卫生习惯	儿童衣架、“娃娃”四季服装、熨衣板、玩具熨斗、澡盆、水池、刷子、分类垃圾桶、笤帚、簸箕、抹布等	

表 5-4　中班角色区“美容美发店”材料投放示例

材料	作用	举例及图示	
家具	为游戏提供必要的物质设施；满足幼儿的爱美之心，培养幼儿的审美能力	梳妆台、冲洗台、座椅、材料架等	

续表

材料	作用	举例及图示	
装饰材料	创设游戏环境，烘托美容美发的游戏氛围	美发厅名称标识、旋转灯标识、假发	
美发用具	了解各种用具的作用，模仿各种活动，训练动作技能，促进小肌肉发展	梳子、剪刀、推子、发卷、发卡、吹风机、加热罩等	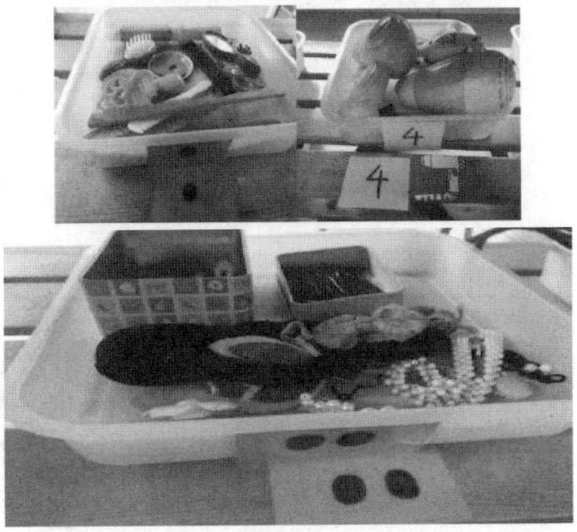
服装	增强幼儿的角色意识	围裙、披巾等	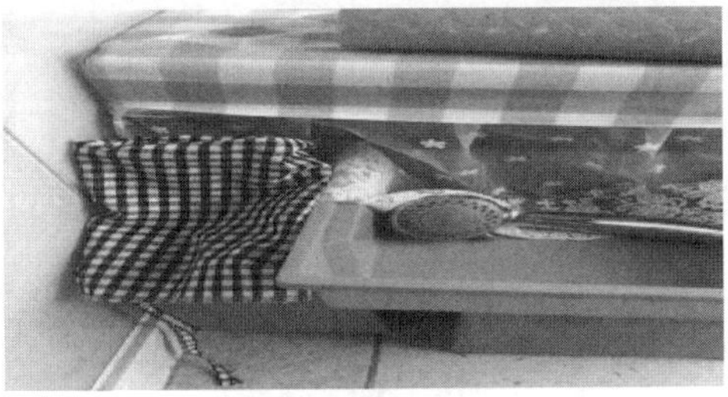
洗发、美容用品	模仿洗发、美容活动，促进小肌肉发展	淋浴花洒、面膜、护肤品等	

表 5-5 中班角色区“小医院”材料投放示例

材料	作用	举例及图示	
家具及医用设施	为游戏提供必要的物质设施；方便开展简单的“看病”游戏	桌、椅、床、药品柜	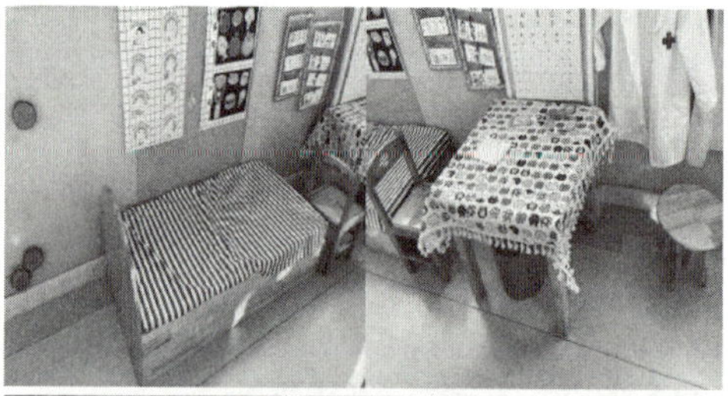 
装饰材料	创设游戏环境，烘托医院氛围	医院名称标识、“红十字”标识	 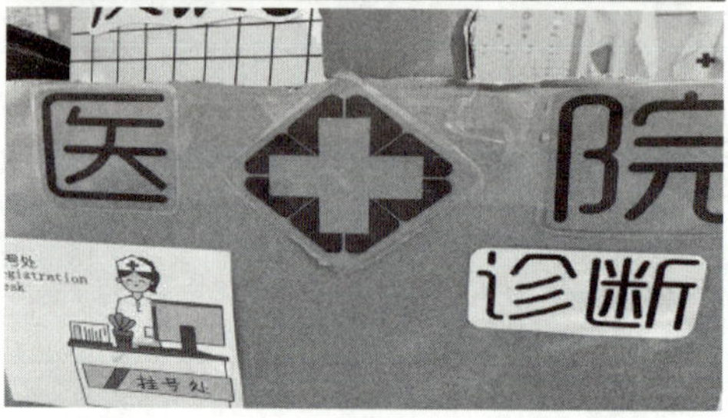
医疗用具	了解简单的医疗器械，进行“打针”“喂药”等角色游戏，知道生病应去医院	听诊器、注射器、消毒棉签	

续表

材料	作用	举例及图示	
工作服	创设生活化的游戏环境，增强角色意识	白大褂、医生帽、护士帽、手套	

（三）大班角色区材料投放的基本要求

1. 基本材料投放要求

大班幼儿角色区材料投放的重点应放在激发幼儿的创新意识、充实活动主题上。投放的操作材料应具有一定的复杂性，可以给幼儿提供多种角色体验机会。

2. 辅助材料投放要求

通过投放辅助材料，可以增设多样的游戏情境，让幼儿体验不同的角色扮演，激发其创新意识。例如，在“小医院”角色区中，可以在墙面上悬挂牙科、眼科的相关示意图。

3. 自制材料投放要求

大班幼儿的动作技能发展已经相对比较成熟，操作材料的经验较为丰富。除了自制的材料外，还可以投放一些记录本。例如，在“小医院”中投放“挂号本”，让幼儿记录相关数据，了解医学中一些数据的意义，真实体验医生的角色。

大班角色区材料投放示例如表5-6、表5-7、表5-8所示。

表5-6　大班角色区“小医院”基本材料投放示例

基本材料	作用	举例及图示	
家具	为游戏提供必要的物质设施，开展较为复杂的诊疗游戏，提供进行数学运算的机会	门诊桌椅、手术台等	

续表

基本材料	作用	举例及图示	
医疗用具	能操作各种用具，知道其作用，训练动作技能，促进小肌肉发展，学习简单的包扎、急救知识	体温计、血压表、注射器、镊子等	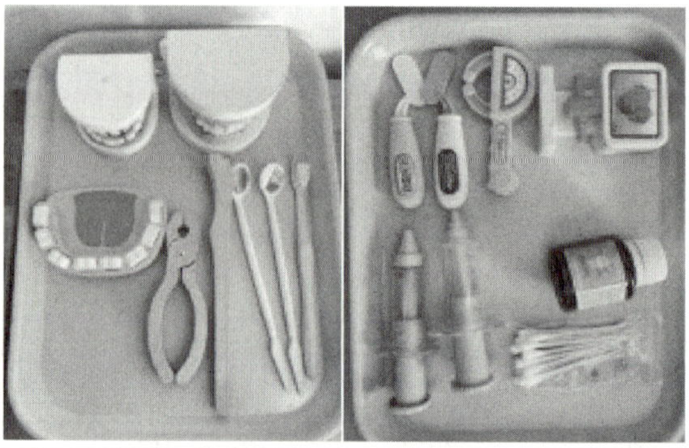
工作服	增强角色意识，有目的地进行角色扮演	医护服装、手套、口罩、病人服装等	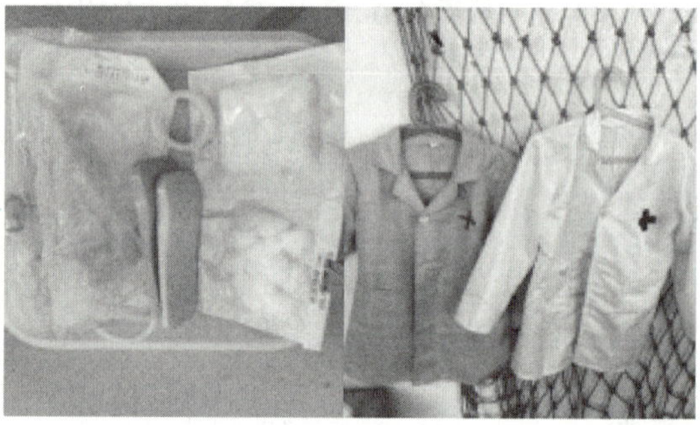

表 5-7　大班角色区“小医院”辅助材料投放示例

辅助材料	作用	举例及图示	
装饰材料	创设游戏环境，烘托医院氛围	牙齿保健知识图、拍片处标识等	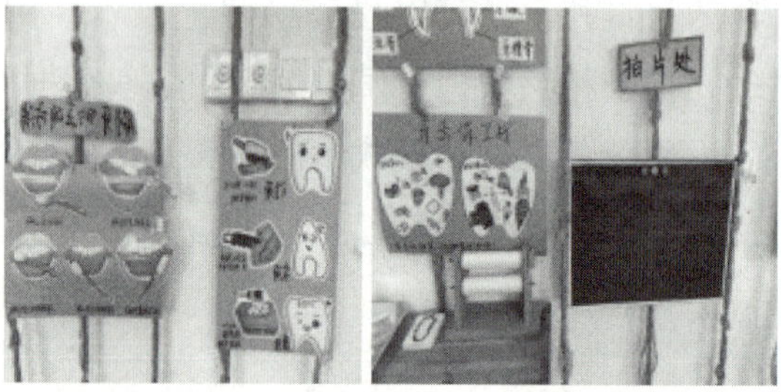
就医所需用品	帮助幼儿了解如何就医及需要携带哪些用品	社会保障卡、口罩等	

续表

辅助材料	作用	举例及图示	
卫生用具	培养劳动习惯	医用垃圾桶、笤帚、簸箕等	 

表 5-8　大班角色区“小医院”自制材料投放示例

自制材料	作用	举例及图示	
工作用品	对相关数据进行记录，了解医学中一些数据的意义，真实体验医生的角色	处方单、就诊卡	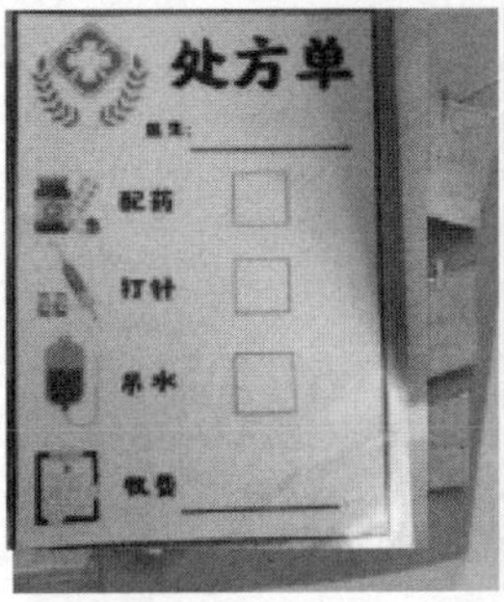 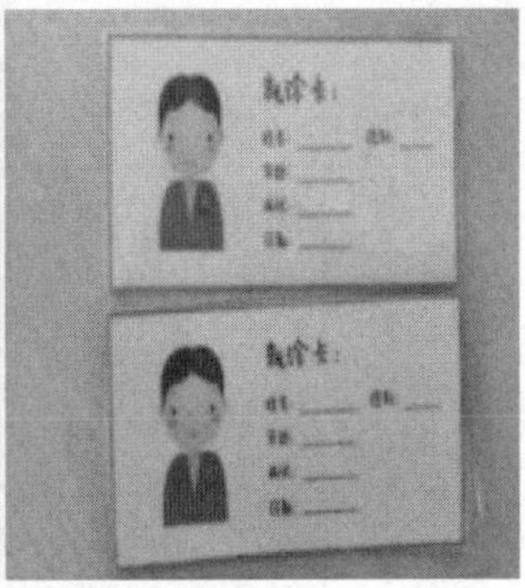
流程图	提示幼儿如何模仿医生进行诊疗，让其了解在医院看病的步骤	看病流程图、就医流程图	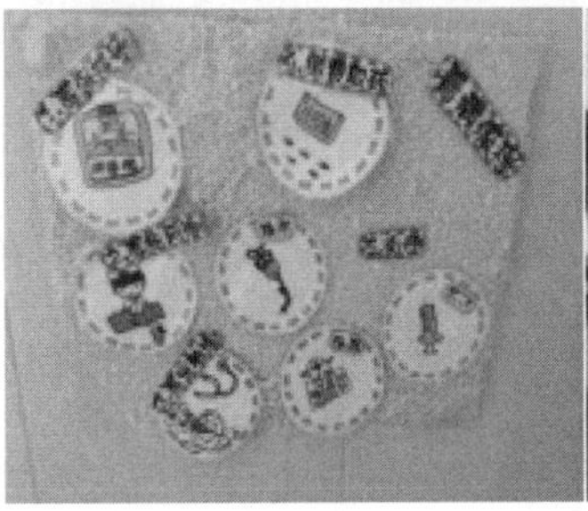 

（四）中班混班角色区材料投放的基本要求

1. 基本材料投放要求

角色长廊游戏属于中班公共区域游戏，因此，在投放基本材料的时候，各班教师都要树立材料有用的概念，以有利于幼儿开展游戏为目的。基本资料投放不宜过多和随意，投放的材料在质量上要过关，以便于幼儿长期使用。

2. 辅助材料投放要求

辅助材料以收集和绘制为主，其种类、数量等需要适时更新。这些材料在使用之前都应得到有效的清洁和消毒。

3. 自制材料投放要求

自制材料质量要过关。自制的材料一般经不起久玩，需要教师把控好质量。同时，教师要关注自制材料的安全性，比如需要对竹签进行安全性保障处理等。

角色长廊自制材料示例如表 5-9 所示。

表 5-9　角色长廊自制材料投放示例

材料名称	投放目的	制作方法	使用方法	材料图片
医院门诊台	供幼儿询诊，让幼儿能在游戏时了解具体病情	用 KT 板做出医院模样，粘贴在柜子上，在 KT 板上粘贴窗口问询流程图	幼儿在“小医院”窗口准备“就诊”，说明大致“病情”	
染发色板、发型图片等	幼儿可以选择合适的颜色进行染发或者剪发等	割一块方正的 KT 板，在 KT 板上放多种颜色的线团	幼儿在“美容美发店”游戏时可以选择喜欢的颜色进行“染发”活动	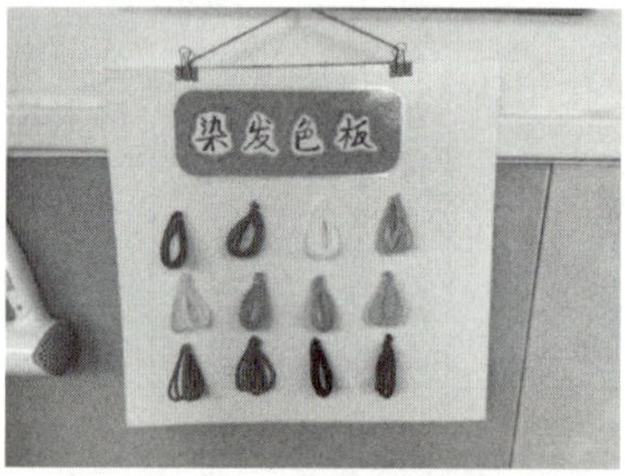
镜子	供幼儿自我打扮	将锡纸剪成椭圆形状并粘贴在椭圆形纸板上，用超轻黏土装饰镜子	幼儿在“做完头发”后可以欣赏自己的样子，或者打扮自己	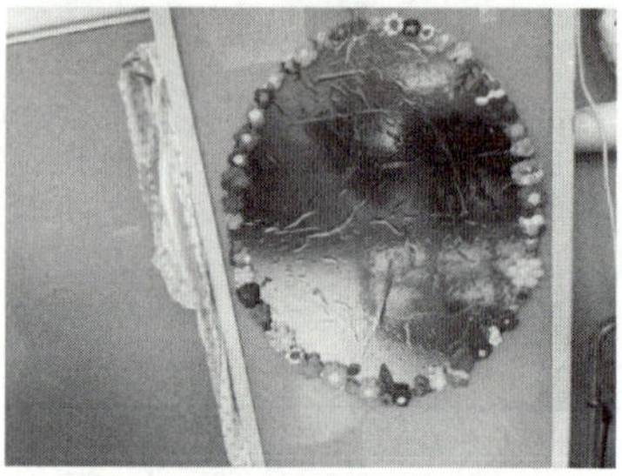
花瓶等装饰品	激发幼儿对于美的感知；营造温馨的环境；给予幼儿创造美的机会	使用塑料瓶和木板等材料，在瓶子上缠绕麻绳，在木板上粘贴树枝	幼儿可以用吸管、毛根和超轻黏土等材料自制花朵；幼儿可以用毛根或其他材料制作花朵并粘贴在树枝上	

续表

材料名称	投放目的	制作方法	使用方法	材料图片
热水器	提供更丰富的材料，供幼儿使用	收集废旧纸箱和花洒，在纸箱上粘贴彩纸，将花洒固定到纸箱上	幼儿在“美容美发店”游戏时，可以使用花洒给顾客洗头，增强游戏体验感	
茶叶	使幼儿收集的茶叶有地方放置；加强幼儿对不同茶叶品种的认识	收集废塑料罐，放入不同品种的茶叶；让幼儿用绘画的形式在罐子外标注茶叶品种	幼儿可以根据图画识别不同品种的茶叶并标注，有选择性地进行品尝或“购买”	
剧场引导台	借助引导台让幼儿有序观看演出，强化其规则意识；幼儿可以开展有主题的表演，避免无目的行为	挑选有门头的柜子，在柜子上粘贴自制的引导板；引导板以图文结合的形式表现观影规则等信息	幼儿根据引导台提示进入“剧场”观影；引导员提示幼儿注意观影秩序，演出人员进行主题表演	
价目表	幼儿游戏时可以清楚价格，有效进行货币交易，加强幼儿对数字的使用和理解	幼儿绘制不同食材的图片并写上价格，将食材和价格粘贴到吸音棉上	幼儿在“购买食材”时，根据价目表给出具体的金额，从而引导货币交易的产生	

（五）全园混龄角色区材料投放的基本要求

1. 基本材料投放要求

全园混龄角色区——“禾园”的基本材料为不同角色区所对应的特有材料，比如，在“小医院”中会投放听诊器、针筒、“娃娃”、药盒等；“修理铺”会提供各类修理工具；“甜品店”会提供榨汁机、各类模具、吸管和杯子等。基本材料一般为一些高结构材料或者幼儿在游戏时必须用到的工具（玩具），提供的工具要满足该区域幼儿的基本需求，保证一定的数量，同时注意工具的安全性。

2. 辅助材料投放要求

“禾园”的辅助材料是一些半成品或低结构材料。比如，在“花店”内会提供各类花篮、纸、鲜花、干花等材料供幼儿动手操作；在“超市”会提供轻黏土、纸盒、白纸等供幼儿进行游戏。辅助材料的数量要足够多，以便幼儿能随时取放。在满足幼儿基本游戏需求的基础上，让他们充分发挥自己的想象力，更好地运用这些材料。

3. 自制材料投放要求

自制材料要环保、绿色、可重复利用，可以多一些自然材料，让幼儿与自然产生共鸣，不限制幼儿的想象力，充分发挥材料的价值，一物多用。

全园混龄角色区自制材料示例如表 5-10 所示。

表 5-10 全园混龄角色区材料投放示例

材料名称	投放目的	制作方法	使用方法	材料图片
收银台	供幼儿在游戏时进行收银	用一个纸盒制成，在上面粘贴上数字及收零钱的小抽屉即可	幼儿在收银后将零钱放入收银机	
自动贩卖机	满足幼儿进行自主购物的需求	将一块 KT 板切割出适当面积，并在上面粘贴上数字、各类物品价格	幼儿在自助贩卖机上选择需要的物品并投放钱币完成自主购物	
各类纸	供幼儿制作手工绑花	将报纸、白纸撕成条状，卷成需要用的长短纸条	可以作为制作工艺品的辅料；也可以用作纸绳进行各类打结游戏	

续表

材料名称	投放目的	制作方法	使用方法	材料图片
自制照相机	通过自制大的照相机背景，让幼儿清楚此处为“照相馆”游戏场地；帮助幼儿了解照相馆的主要器材	先用废旧纸板等材料绘制出照相机的大体形状，然后用胶枪绘出相机的形状，在此基础上上色	放置在合适的位置，让年龄段较低的幼儿能够较为清晰地发现“森林照相馆”这一区域	
自制服装	用废旧塑料袋等制作服装，供幼儿在拍照时使用；幼儿在穿脱衣服的过程中培养自理能力	剪开废旧塑料袋的底部，利用废旧塑料袋原本的形状制作服装	幼儿在“照相馆”能够自主穿脱衣服，使用各种服装等装扮自己	
自制干花吊饰	激发幼儿对于美的认识与感知；增强空间感，进而增强“花店”的美感	将花束晒干后分成一簇一簇，用麻绳系起来搭配透明塑料球，倒挂在“花店”门头下	增强“花店”售卖橱柜的美观性	
自制头饰	寻找合适的材料制作头饰；学会装饰头饰；尝试与衣服配套使用头饰	将无纺布剪成半球形，调整至比幼儿头围稍大些，然后缝制松紧带，供幼儿佩戴	幼儿在“照相馆”中装扮自己的时候，选择相应的衣服，找到适合的头饰，并自己戴上	
购物篮	帮助幼儿了解超市的购物流程，以及认识购物车和购物篮	用毛根在篮筐上缠绕，再用胶枪进行固定	幼儿在购物前可以根据自己购买的物品数量，选择购物车或者购物篮进行购物	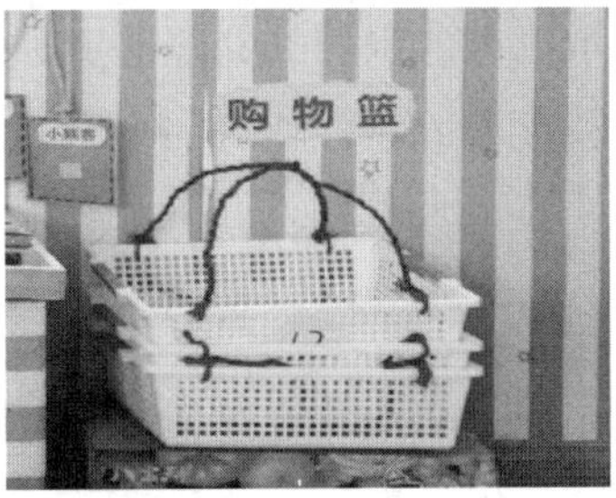

续表

材料名称	投放目的	制作方法	使用方法	材料图片
病历本	供幼儿在游戏中记录住院“病人”病情	在A4纸上画人体框架及相应的就医措施，并塑封	幼儿在安排“病人”住院检查后，用记号笔在“病历”上记录，并可擦除以便重复利用	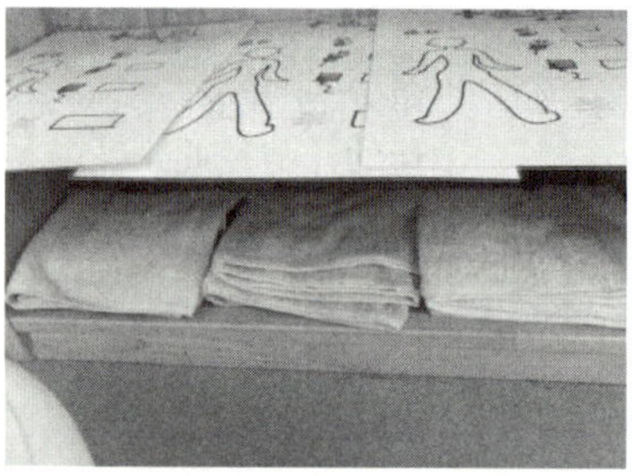
视力表	供幼儿“问诊”时进行视力检查	在一张KT板上贴上大小不同的图案，标上相应视力等级	“医生”用小棒指出图案，“病人”能看到相应的图案，并有对应的视力测试结果	

二、角色区材料投放的策略

（一）小班角色区材料投放的策略

1. 宜多不宜少，同类材料多份为好

小班幼儿以做平行游戏为主，而且容易模仿他人，经常出现“她这样我也这样”的模仿心理和现象，进而产生“争抢”矛盾。因此，需要提供多份相同的材料，以供多名幼儿同时进行游戏，如在一个“娃娃家”可以投放两个“娃娃”、两套锅铲、两个奶瓶等。

2. 以成品材料为主，以半成品材料为辅

小班幼儿的游戏经验不足，想象力不强，处于具体形象思维阶段，游戏时易受环境、材料诱导，他们的许多游戏情节来源于眼前的、客观存在的物体，所以对于小班幼儿来说，仿真的、高结构的、有具体操作方法的游戏材料比较适宜。成品材料可以有效引导幼儿操作并进行游戏。而半成品材料的适量投入有助于能力较强的幼儿进行以物代物等想象活动，同时也会带动其他能力较弱的幼儿更好地游戏。

（二）中班角色区材料投放的策略

1. 半成品、低结构材料比重逐步增加

中班幼儿的想象力逐步增强，高结构材料、成品材料已无法满足幼儿的操作、探究、想象需求。逐步增加半成品、低结构材料可以提升幼儿的游戏能力。比如，在“烧烤店”活动中，可以引导幼儿根据顾客的需要自主搭配、制作出特色烤串。增加幼儿操作的步骤和难度，可以提高幼儿的游戏水平。

2. 根据幼儿的游戏需要和社会性发展，适时增加材料

中班幼儿的交往能力越来越强，在幼儿与同伴的交往和互动中，游戏的内容越来越深入，游戏的情节也越来越丰富。当幼儿在游戏中因为材料而无法继续或者深入游戏时，教师可以通过及时添加适宜的材料来推动幼儿游戏的开展。

（三）大班角色区材料投放的策略

1. 以关联的思维有目的地投放

（1）投放角色之间的关联材料

大班幼儿在对待游戏角色时，已经从一一对应上升到多角色对应。如在“小吃店”的游戏角色中，从厨师与顾客的角色关系，发展为厨师与营业员、服务员、顾客的角色关系。角色之间的关系更加细节化、复杂化，因此相应材料的投放也应跟进。

（2）投放区域之间的关联材料

以“小吃店”与“手工坊”为例，不同类型的“小吃店”卖的东西应不同，“手工坊”应该随商机而调整制作的内容。再如“小超市”与“小医院”，看望病人需要采购营养品、水果、鲜花等，“小超市”中可以加入这些材料。关联的材料可以引发区域之间的有效互动。

2. 以生态的思维有价值地投放

（1）加大低结构、松散的、以物代物的材料比重，激发幼儿的想象力

大班幼儿的游戏目的性增强，他们会根据自己的意愿和兴趣来寻找材料，表现主题和情节。因为游戏中大量使用替代物，低结构材料的需求量很大，特别是生活、自然材料。此外，班级资源箱是幼儿深入游戏的平台，可以提供玩法不定、收集方便的低成本材料。

（2）投放推进游戏深入的隐性材料，发挥幼儿的创造力

除了一些替代材料外，还可以为大班幼儿提供多种工具，让他们用这些工具来制作自己需要的、可以使游戏丰富化的材料。如给幼儿提供纸、画笔，让他们制作宣传单、周年庆活动海报、车牌、价目表等。

（四）中班混班角色区材料投放的策略

1. 材料投放应符合幼儿的年龄特征

丰富适宜的材料是幼儿开展游戏的重要条件之一。在引导幼儿准备材料时，教师首先应注意材料的投放是否符合不同阶段的幼儿及不同班级幼儿的年龄特征。当

幼儿因生活经验的积累而想象力、创造力不断提高时，教师可多提供低结构的开放性材料，以促进幼儿的发展。

2. 材料投放应满足游戏发展的需要

角色区游戏的开展是随着幼儿的成长和经验的累积不断变化的，教师应根据幼儿在游戏中的行为和需求，适当增减材料。教师应尊重幼儿的建议，并尽可能地针对游戏开展过程调整材料的投放，给予幼儿进一步的支持，并且引导不同班级的幼儿在游戏中互相合作，让能力强的幼儿带动能力弱的幼儿。

3. 设置自主材料，引导幼儿自主使用

中班混班角色区——角色长廊区域多，互动性强，对于材料的需求也大。游戏中很多时候材料会在各个区域流通、堆积，如“小吃店”这种供货店因材料堆积较多，会像被“扫荡”了一样，引发幼儿之间的矛盾或者产生问题。因此，自主材料区的设置能给各区域的成员，如“老板”“服务员”“顾客”等提供“货源”，也进一步提高了幼儿以物代物、一物多玩的能力。

（五）全园混龄角色区材料投放的策略

1. 符合幼儿的年龄特点

材料投放的前提是能满足幼儿的发展需要和符合其生活经验。混龄角色区的游戏材料面向不同年龄段的幼儿，要确保每个幼儿都能找到适合自己的材料，并能开展不同层次、不同深度的探究和学习。例如，在“理发店”游戏中，可以为小班幼儿提供简单的理发工具和娃娃头模型，让他们初步体验美发师的工作；为年龄较大的幼儿提供更复杂些的理发工具、真实的“顾客”（由教师或同伴扮演）及更为丰富的游戏情节，以满足他们更高层次的游戏需求。

2. 结合幼儿一日生活

混龄角色区幼儿年龄有所差异，幼儿的能力、兴趣、经验等各不相同，在投放材料时，既要考虑幼儿的兴趣及需要，也要与幼儿一日活动相结合。教师投放材料时，应重点关注幼儿感兴趣的材料、幼儿自身能力及幼儿需要掌握的核心经验，以此为依据投放材料。

3. 更新与调整材料

要根据幼儿活动情况及时更新材料，根据已设定的主题进行材料投放，并不断根据游戏过程中幼儿的兴趣、需求及时进行调整、补充。要通过定期更换和更新材料来维持幼儿的兴趣和探索欲望。更新与调整材料可以提供新的学习机会，防止幼儿审美疲劳，调动幼儿的积极性。

第三节 角色区材料投放案例

一、材料一次性投放与逐步投放对比案例

小班角色区“娃娃家”材料一次性投放与逐步投放对比案例

情境描述

片段一：老师在“娃娃家”投放了用于炒菜、削皮的工具。西西和笑笑来到“娃娃家”，西西说：“我们做菜给宝宝吃吧。”于是，笑笑选择了做红烧排骨。她打开水龙头，将排骨洗干净，放在锅里。接着，她准备去拿锅铲，发现有很多工具，停留了一会儿，皱了一下眉头，选择了一个汤勺。她拿着汤勺翻炒着排骨。过了一会儿，她拿了一个小碗将排骨盛出，然后又去拿了一个小勺子。笑笑说：“菜好了，把宝宝抱过来。”西西把“娃娃”抱过来交给笑笑，笑笑抱着“娃娃”开始喂他吃排骨。

“娃娃家”的厨具

片段二：在一次游戏讲评中，小朋友们了解到炒菜的锅铲是平的。基于小朋友们的经验，老师在“娃娃家”投放了一个削皮刀及一些带皮的水果。圆圆进入“娃娃家”后，发现了削皮刀，看了一会儿，拿起工具在桌上敲起来。娜娜看到后走过来说：“你在敲什么呀？这是削水果的。”于是她去拿了一个苹果，一只手拿着苹果，另一只手拿着削皮刀开始削皮。老师看到后，以奶奶的角色进入游戏，引导幼儿正确地使用削皮刀。

游戏结束后，老师和小朋友们讨论削皮刀的用处和用法，问道：“你们知道这是什么吗？这是用来做什么的呢？”小朋友说：“可以用来削水果。”老师做了补充，说明它也可以削一些蔬菜，如黄瓜、地蒲。那么，如何使用削皮刀呢？老师邀请了娜娜示范，结合娜娜的示范，让小朋友了解正确使用削皮刀的方法。

分析

在片段一中，小班幼儿生活经验相对缺乏，教师在这种情况下一次性投放了若

干种厨房工具，但幼儿缺乏对这些工具的认识和使用经验。因此，在游戏中，笑笑在选择炒菜工具的时候有一些迟疑，并没有做出很好的选择。一次性投放很多材料对于小班幼儿来说是不可取的，这对于他们正确选择、使用工具造成很大的困难。

在片段二中，教师在幼儿具有一定生活经验的情况下，投放了一个削皮刀。幼儿对于削皮刀有一定的了解，但是不会正确使用。教师先在“娃娃家”单独给娜娜、圆圆讲解了削皮刀的正确使用方法。接着，在讲评环节中，以娜娜示范为例，让所有幼儿都了解、掌握这个工具的使用方法，以点带面，为之后其他幼儿进入“娃娃家”游戏做好准备。

教师指导与反思

教师在投放厨房工具的时候，需要慢慢地少量投放，不可一次投放太多。过了一段时间后，教师可以继续投放其他厨房工具，如汤勺、切菜刀、水果刀等。基于小班幼儿的接受水平，逐步投放角色区材料，可以达到最优游戏效果。

（江苏省汾湖高新技术产业开发区实验幼儿园　唐晓文）

二、基本材料投放案例

小班角色区“娃娃家”基本材料投放案例

情境描述

萱萱和航航来到“娃娃家”，萱萱说：“我是妈妈，你当爸爸。”航航说：“嗯。”萱萱说：“宝宝呢？”他们来到小床边，发现“宝宝”赤裸着身体躺在床上。萱萱说：“哎呀，宝宝没穿衣服。”于是，她走到柜子旁边，拿起了一条裙子，说就穿这个吧。航航把“宝宝”放在桌上，两个人拿着裙子，找了一圈，萱萱找到了两个洞，说：“这是手臂要套进去的。”于是，两个人摸索着将“娃娃”的手臂套了进去。航航说：“后面要扣扣子的。”于是萱萱扶着“娃娃”，航航帮忙扣扣子。萱萱问：“好了吗？”但航航低着头继续扣着。过了很久，航航还没扣好，他看向老师。这时，老师上前询问：“需要帮助吗？”航航说：“这件衣服扣不上扣子。”于是，老

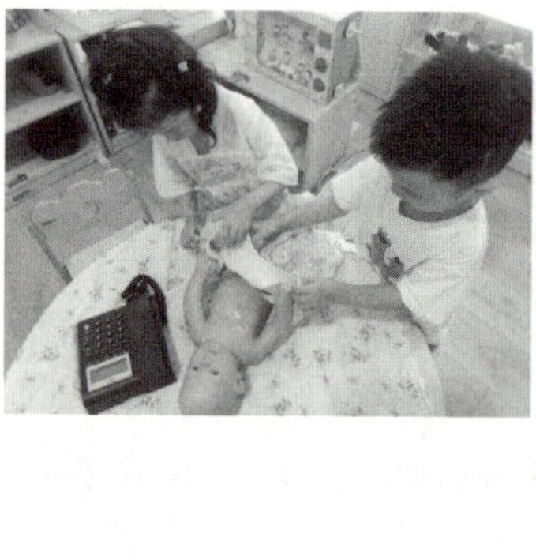

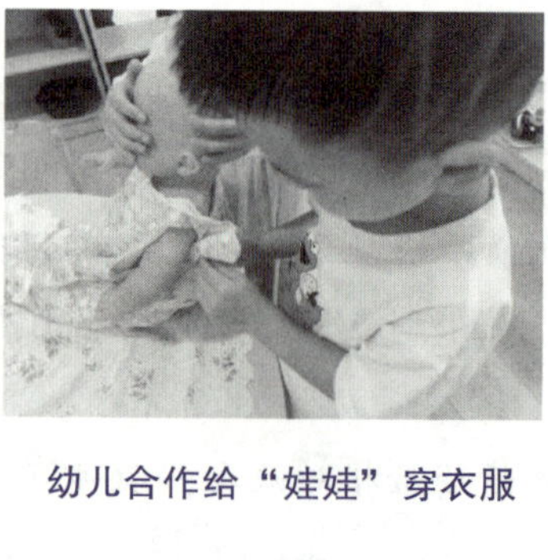

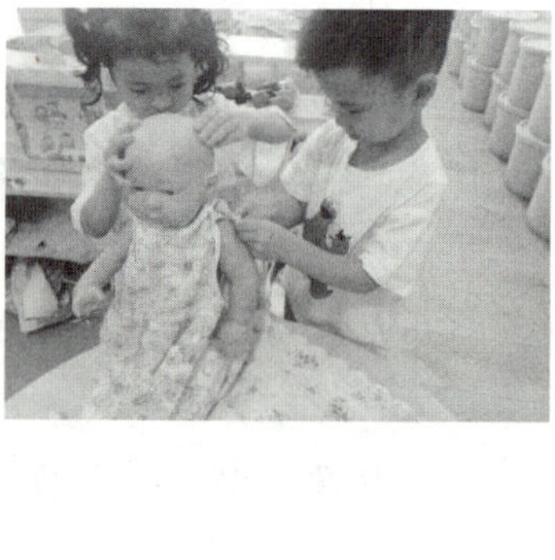

幼儿合作给“娃娃”穿衣服

师给他们讲解了扣扣子的办法，十分耐心。扣好了，萱萱抱着“娃娃”开心地笑了，说：“宝宝真漂亮。”接着，他们开始给“娃娃”喂奶。

分析

在游戏中，萱萱和航航能够自己分配游戏角色，并根据当前的游戏材料给“娃娃”穿衣服。在穿衣服的过程中，两个人能够互相帮助。当航航遇到困难的时候，教师充当了观察者，没有马上给予帮助，而是给了幼儿自己尝试的机会。过了一段时间，在他们寻求帮助的时候，教师及时介入，帮助他们解决问题。在进行游戏评价的时候，教师和幼儿一起讨论了扣扣子这个问题，发现很多幼儿都不会扣扣子。

教师指导与反思

教师根据幼儿的需要提供帮助，在这个过程中进行了反思。

在游戏的后期，可持续投放多样化的衣物，如不同类型的上衣、裤子、裙子、背心等基本材料，让幼儿有更多机会进行操作。

此外，幼儿喜欢照顾“娃娃”，在这个过程中他们会觉得自己像小大人一样，他们从大人身上习得的经验在这个过程中也得到了呈现，教师作为支持者还可以提供更加多元的材料，比如奶瓶、奶粉、奶瓶刷等针对连续操作过程的材料，又如宝宝的搅拌容器、辅食剪、餐盘、围兜等针对就餐环节的材料，这些都能让幼儿的区域游戏更加丰富。

（江苏省汾湖高新技术产业开发区实验幼儿园　沈小燕）

三、辅助材料投放案例

小班角色区“娃娃家”辅助材料投放案例

情境描述

片段一：嘉嘉和辰辰在“娃娃家”游戏。辰辰对嘉嘉说：“我们来炒菜吃吧。”说完去拿了黄瓜、茄子、萝卜等放进锅里，用铲子开始翻炒。一根黄瓜掉到了地上，辰辰说：“菜太大了，掉了。”嘉嘉拿着水壶往另外一个锅里倒水，说：“再烧点水，做个汤。”然后两个人在煤气灶前一个炒菜，一个煮汤。

片段二：若若和铭铭在“娃娃家”游戏。若若从柜子里拿出了砧板和塑料刀，拿起篮子里的新鲜萝卜，把上面的萝卜叶用手扯掉，然后放在砧板上用塑料刀切成小片。旁边的铭铭拿来了捣碎器，把山楂和树叶放进去，用木棒用力地挤压捣碎，说：“今天这个菜好吃的，不会嚼不碎。”若若点点头，笑着说：“宝宝肯定喜欢吃。”

幼儿利用生活用品游戏

幼儿利用操作性较强的生活材料游戏

分析

“娃娃家”角色游戏是幼儿在角色区最喜欢做的游戏，是幼儿联系实际生活经验进行的模拟游戏，如果只提供一些现成的生活材料，那么幼儿的游戏往往没什么变化或没有可延伸的情节。《指南》提到要“创造条件和机会，促进幼儿手的动作灵活协调”。片段二中在“娃娃家”投放了真实的萝卜、山楂和树叶后，幼儿产生了新的动作，如扯掉叶子、切成小片并捣碎。真实的材料可操作性强，更加锻炼了幼儿手部的精细动作。

教师指导与反思

教师在“娃娃家”中为幼儿提供了真实可操作的材料，这些真实的材料都是生活中常见的，幼儿能联系自己的生活经验进行一些操作。由于小班幼儿的社会经验不足，教师在游戏中要鼓励和引导幼儿自主选择所需的材料进行模拟家庭生活的操作，以使游戏更具有趣味性和可操作性。

（江苏省汾湖高新技术产业开发区实验幼儿园　计凯红）

全园混龄角色区“小医院”辅助材料投放案例

观察背景

全园混龄角色区的“小医院”游戏非常受幼儿的欢迎，但随着每周两次混龄游戏的开展，中班、大班幼儿中进入游戏区域的人骤减，进入“医院”担任工作人员的一般为小班幼儿。

情境描述

一天小绿（大班幼儿）说：“医院太无聊了，就是看病、打针、吃药，我都玩腻了。”小西（中班幼儿）附和道：“是呀，我都会了，我们班级里也有小医院，不好玩。”

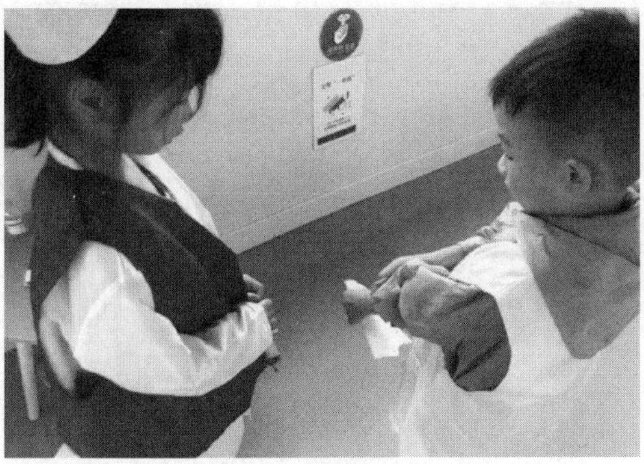

“病人”向“医生”出示病例

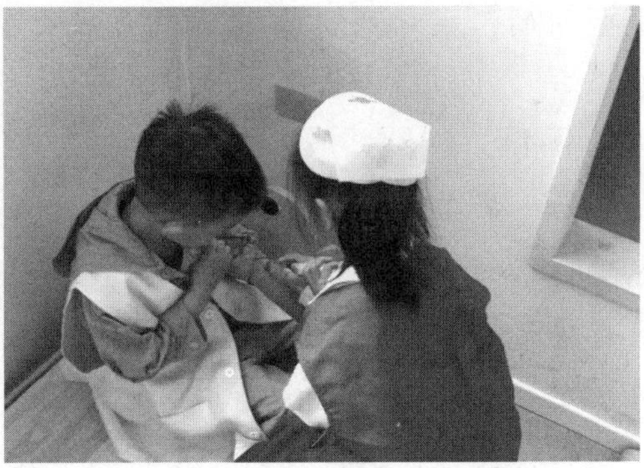

“医生”给“病人”打针

分析

对于中班、大班幼儿来说，医院的高结构材料较多，材料缺少变化，他们很容易在游戏中失去兴趣。

教师指导与反思

结合中班、大班幼儿的已有生活经验，幼儿去医院看病时，了解到一些医院还有中药坊，觉得中药很有趣。还有的幼儿说医院还可以拍片，也很好玩，不是只有打针、吃药。还有的幼儿说医院还有专门体检、打疫苗的地方。在了解了幼儿的需求后，教师与幼儿一起探索起中草药，将一些晒干的中草药及中草药盆栽投放进“小医院”，还投放了人类骨骼图片、模型、白纸供幼儿进行拍片游戏。教师顺应幼儿自身的发展需求，支持、帮助幼儿丰富材料，开辟“中药坊”区域，丰富游戏情节，激发幼儿游戏兴趣。

（苏州大学附属吴江幼儿园　朱子灵）

四、自制材料投放案例

中班角色区“小吃店”自制材料投放案例

情境描述

小羽作为小客人来到“小吃店”，安琪作为老板接待了小羽。安琪对小羽说：“我们新做了一些汉堡和比萨，你要吃吗？”小羽拍着手说：“好的，我很喜欢吃比萨。”安琪便说：“那等我一会儿，我去加热一下！”说完，安琪来到了微波炉前，将汉堡和比萨放了进去。小羽问：“这个是新的烤箱吗？”安琪说：“不是，这是微波炉，你看这里还需要扭一下按钮才行，你试试，这个按钮是可以旋转的。”小羽把上面的按钮扭了两下，说：“还真不错。”“这是我和我爸爸一起做的，所以我知道怎么玩，”安琪骄傲地介绍着微波炉的使用方法，“上面是控制温度的，下面是控制时间的，我妈妈说不能把鸡蛋放进去，会爆炸。”说完，两人紧紧抱在了一起。

分析

幼儿是在对材料的操作、摆弄过程中构建自己的认知结构的。因此，材料是角色游戏开展与实施的关键，直接关系到幼儿的发展。可以根据游戏需要进行材料的自制和投放，自制材料的使用价值会比较高，也能更好地提高幼儿的游戏水平。

幼儿在介绍自制的微波炉

教师指导与反思

首先，“小吃店”是一个多元的游戏区，在此可以进行制作各种食物的游戏。一些贴近幼儿生活的自制材料，如纸盒做的简易冰箱、微波炉、火锅等材料的投放可以激发幼儿的兴趣，同时使幼儿了解更多的烹饪工具和美食品类。

其次，可以让幼儿、家长一起参与材料的制作，这样可以更好地丰富和更新游戏环境，也可以让幼儿在游戏中了解这些材料的作用，获得成就感。

最后，自制的材料时间一久很容易损坏，损坏之后幼儿就会失去兴趣，因此教师要及时进行更新、修补，或者慢慢引导幼儿对材料进行修补。

（江苏省汾湖高新技术产业开发区实验幼儿园　金晓霞）

第六章 观察为基 有效互动

——角色区活动实施与指导

本章概要

角色区活动是比较自由自主的、动感的、个性化的活动，没有固定的玩法和标准，因而受到幼儿的喜欢。当然，玩无定法并不代表玩无方法，这给教师的角色区实施与指导提出了更高的要求。本章重点对角色区活动实施与指导的原则、基本要求、时间规划与流程、指导策略、案例进行全面阐述。

思维导图

- 角色区活动实施与指导
  - 概述
    - 原则
    - 基本要求
    - 时间规划与流程
  - 策略
    - 角色区活动各环节实施与指导的策略
    - 各年龄段幼儿角色区活动实施与指导的策略
  - 案例
    - 小班角色区案例
    - 中班角色区案例
    - 大班角色区案例
    - 中班混班角色区案例
    - 全园混龄角色区案例

第一节 角色区活动实施与指导概述

一、角色区活动实施与指导的原则

角色区活动是幼儿自主地与空间、材料、玩伴相互作用的情景性活动，是幼儿社会性发展的主要途径，也是幼儿非常喜欢的活动。角色区活动还是幼儿按照自己的意愿，通过角色扮演，创造性地再现社会生活的一种游戏活动。自由自主并不意味着不需要教师的组织与指导，高质量的角色游戏是幼儿的自主性与教师的教育性的有效结合，教师的组织与指导是幼儿不断发展的助推器。角色区活动的实施与指导应遵循以下原则。

（一）主体性原则——尊重幼儿的想法，追随幼儿的兴趣

角色区活动的实施与指导主要围绕着幼儿在活动中的自主性、能动性和创造性展开。这一原则强调幼儿是学习的主体，他们的积极参与和主动建构是将活动内化为自身学习经验并促进身心发展的关键。这一原则以幼儿为主体中心，从幼儿的想法出发，服从幼儿的自主意愿。例如，在“美甲店”游戏中，当部分女生提出“男生不可以玩”时，教师抓住这一话题，组织幼儿对男生可不可以玩“美甲店”游戏展开讨论，最后找到解决方案——为男生提供个性的、酷酷的贴纸，如奥特曼、铠

甲勇士等。爱美之心人皆有之，幼儿的爱美之心更多的是新鲜感和好奇心，教师要保护幼儿的想法和好奇心，给予他们一定的理解和支持。

（二）支持性原则——提供活动的材料，引导幼儿交流合作

幼儿的活动行为往往为好奇心和兴趣所驱使，同时也是现实生活印象的体现，教师要给予适宜的支持，观察幼儿的活动，倾听他们的想法，了解其行为背后的原因及心理，只有这样才能有效支持与指导幼儿进行角色区活动，让其与人、与材料、与环境进行良好的互动，从而获得发展。例如，在一次中班角色区“小吃店”游戏中，乐乐和菲菲发生了争执，起因是乐乐想做小厨师，菲菲也想做小厨师，为此两人争夺“小吃店”的锅铲，产生了矛盾。在教师的引导下，幼儿通过轮流游戏的方式解决了这一问题。在后期回顾中，师幼共同提出增加材料、以物代物等方法，在满足幼儿需求的同时提高幼儿解决问题的能力。

（三）开放性原则——放手幼儿的活动，创新活动的内容

开放性主要体现在开放的环境、空间、时间及教师的开放性指导。比如，游戏前，教师在主题、话题、形式等方面，给予幼儿更多的决定权；在游戏中，教师做最低程度的介入，最大限度地支持幼儿的游戏；游戏后，教师给予幼儿肯定和鼓励，帮助幼儿梳理经验、提升能力。例如，在大班角色区“小医院”游戏中，鸣鸣在排队时坐在了地上。其他幼儿通过观察了解到鸣鸣是“被车撞了”，“腿断了”，并非不讲究卫生随地坐。这下，“医护人员”更忙碌了，场面混乱了，“医护人员”有的抬“伤者”，有的绑腿，有的听心脏，每个“医护人员”都做着与平时不一样的事情，但他们都乐在其中。于是，新的科室——“骨科”就此诞生了。

（四）发展性原则——丰富幼儿的经验

角色区活动内容丰富、形式多样、互动多元，是幼儿全面发展的重要途径之一，同时也是幼儿对现实生活的反映，教师要始终以发展的眼光看待幼儿的活动过程。

二、角色区活动实施与指导的基本要求

（一）鼓励自由选择、自主表达

日常生活是幼儿角色区活动的根源。教师观察幼儿的日常情况及活动情况，了解幼儿的兴趣及前期经验，鼓励幼儿自由选择自己感兴趣的活动，从而使幼儿在轻松自如的氛围中学会与敢于选择和谁玩、玩什么、怎么玩，由此来培养幼儿的自主意识和能力。例如，在中班“动物王国”主题活动中，幼儿对晚会中《动物狂想曲》的音乐非常感兴趣，并且喜欢学各种动物爬来爬去。于是，教师在小舞台增添了一些与动物有关的服饰、头饰道具，为幼儿自由选择、自主表达提供机会和支持。

教师指导幼儿进行绘本表演

（二）适时适宜指导，助推游戏

观察、了解幼儿的学习与发展是为了评估他们的兴趣、特点和需要，以便更有效地拓展他们的经验，促进他们的学习与发展。以扮演角色的方式平行参与到幼儿的游戏中是教师经常会用到的指导方法，以此来丰富游戏的内容和情节，或解决幼儿矛盾，帮助幼儿深入游戏。教师的介入和指导应把握好时机与分寸，以不干扰幼儿游戏为前提，自然、无痕地参与。例如，在中班混班角色区——角色长廊“小猪变形计”小舞台中，个别能力较弱的幼儿在对话互动中很难较好地表达，又由于是混班，幼儿之间的了解不够，同伴越催促，幼儿越紧张。此时，教师及时扮演某一角色，引导幼儿用自己的语言来表达、对话，让幼儿顺利地与他人合作表演，帮助幼儿获得更多的认可和快乐。

（三）根据游戏需要调整角色

及时调整游戏角色是促进幼儿社会性发展、提高游戏质量的关键环节。教师应持续观察幼儿在游戏中的表现，注意他们的兴趣投入度及与其他幼儿的互动情况。教师可通过记录幼儿在游戏中的角色表现、互动情况等信息，评估当前游戏角色设置是否满足幼儿的发展需求。例如，角色长廊中的“美甲店”开业不久，在游戏前，根据幼儿的兴趣和需要，精心准备了美甲店的游戏场景和道具，包括美甲桌、美甲椅、美甲工具（如指甲刀、指甲钳、指甲油、美甲贴纸等）。幼儿可以根据自己的兴趣和意愿选择角色，但是在游戏时，大家都争着做美甲师，导致“美甲店”的门口无“顾客”，这时教师需要在尊重幼儿的情况下，引导他们学会协商合作，化解角色分配冲突。可以引导幼儿体验“美甲师”“店长”“顾客”这些角色，感受每个角色都有不同的任务，从而学会承担责任、团队协作。

（四）珍视同伴经验，协同发展

幼儿游戏发展的层次、水平各不相同，幼儿的能力也是不一样的。教师应针对不同的幼儿选择不同的侧重点进行指导，不管是混班还是混龄角色游戏，都有一些能力强的幼儿和能力较弱的幼儿，教师只有一个，并且在游戏中不能时刻关注和指导到每一名幼儿。因此，同伴的引领或者榜样作用在角色区活动中比教师的指导更为重要和有效。强带弱、大带小，有利于能力弱的幼儿学习，也可以让强者更强，实现协同发展。

三、角色区活动实施与指导的时间规划与流程

合理规划时间是角色区活动实施与指导的重要保障，而合理规划活动时间是教师活动组织能力的重要体现，也是幼儿园工作的重要内容。下面根据不同年龄段幼儿的不同表现，罗列了相关内容，对幼儿的活动行为进行分段剖析，同时也清晰、系统地展示角色区活动从准备到结束的各个环节，帮助教育者或活动引导者更好地组织和管理活动，确保活动能够顺利进行并达到预期的教育效果。以下表格通过记录幼儿在活动中的表现和教师的指导策略，帮助教育者或活动引导者评估活动效果，反思活动过程中的得与失，为活动实施提供经验和借鉴。此外，还可以为教育者或活动引导者提供一个清晰、系统的活动实施框架，促进活动的顺利进行和幼儿的多方面发展，同时也可作为一个依据，评估和反思活动的效果。

不同年龄段角色区活动实施与指导的时间规划与流程如表 6-1 至表 6-5 所示。

表 6-1　小班角色区活动实施与指导的时间规划与流程安排

年龄段	游戏时长	时间规划与流程	幼儿可做的事	教师可做的事	注意事项（指向教师）
小班	50 分钟左右	6—8 分钟：选区和计划	**选区：** 1. 选区前，通过师幼谈话大致知道今天的主题和内容，有初步的想法； 2. 选区时，根据意愿选择区域进行插排，确定扮演的角色 **计划：** 1. 根据所选角色分享计划（想法和玩法），用简单的语言来表达自己即将扮演的游戏角色或者想做的事情； 2. 进区域，根据角色选择相应的材料（挂牌、角色性的服饰、配饰等）装扮自己	**选区：** 1. 选区前，与幼儿谈论主题及可以做的事情，引导幼儿说一说今天想扮演谁、可以做些什么、怎么做可以玩得更开心，帮助幼儿回忆角色特点，引导幼儿根据意愿选择角色区域及角色； 2. 选区时，观察幼儿的选区情况，并给予适当的帮助（如幼儿没选到想要的角色、有选择困难等） **计划：** 1. 在幼儿分享时，倾听幼儿的想法并给予语言上、材料上的支持，以及给予如何更好地游戏的建议； 2. 简单回顾近期活动情况，以肯定为主，同时指出注意事项和要求（常规、安全、特殊材料及工具的使用等）	1. 选区前要引导幼儿均衡选择各种区域和角色； 2. 帮助选区困难或者未选择到想要角色的幼儿，在尊重其意愿的基础上鼓励他们尝试新角色； 3. 小班幼儿的计划并不是真正的计划，更多的是幼儿的意愿和想法，教师要在尊重幼儿意愿的基础上做好引导工作

续表

年龄段	游戏时长	时间规划与流程	幼儿可做的事	教师可做的事	注意事项（指向教师）
小班	50分钟左右	25—30分钟：分区活动	1. 根据所选角色进行扮演游戏； 2. 摆弄材料，交流互动，学习模仿； 3. 根据自己的需要或者在教师的提醒下进行生活活动； 4. 遇到问题知道寻求教师的帮助	1. 在游戏开始前几分钟进行全场观察，确保各幼儿进入相应区域进行游戏，组织中要有重点观察也要有全面观察； 2. 重点观察时间为3—5分钟，并利用手机、笔记本等做好活动记录； 3. 可以通过平行游戏或者眼神等肯定幼儿的游戏情况，并用手机等记录； 4. 出现问题和冲突时，根据具体情况进行适时适宜的干预，如当幼儿出现安全问题时应及时采取保护措施，当幼儿游戏受阻、停止不前时可通过平行游戏、角色介入等进行有效干预； 5. 提醒幼儿进行生活活动； 6. 针对幼儿活动、教师指导、区域创设等进行及时的反思	1. 重点观察与全场观察要平衡，确保幼儿在教师的视线范围内游戏； 2. 教师在介入幼儿游戏时要注意方式方法，尽可能以角色的身份平行进入幼儿的游戏，并借助日常生活丰富幼儿生活经验，引导幼儿； 3. 游戏中尽量以观察和隐性指导为主，减少不必要的干预； 4. 小班幼儿思维属于直觉行动思维，教师在引导时要用正面的语言，慎用反话
		5—8分钟：收拾整理	1. 根据结束音乐或者教师的提示进行收拾整理，前5分钟音乐舒缓，后3分钟音乐节奏加快，根据音乐调整整理节奏； 2. 插排在哪个区就收拾哪个区的材料，根据材料标签（图片为主），进行初步的分类收拾和整理	1. 提醒幼儿将材料整理归位，如部分幼儿收拾能力较弱或者部分区域材料较多，可以和幼儿一起收拾，间接将整理要求和方法“教”给幼儿； 2. 可以引导和鼓励已经完成整理工作的幼儿帮助能力弱的幼儿，发挥同伴作用； 3. 关注全体幼儿，提醒完成的幼儿进行生活活动，等待其他幼儿，鼓励未完成的幼儿加快完成	1. 收拾整理的时间应当灵活，先结束的游戏可以先收拾； 2. 要重视培养小班幼儿收拾整理的意识和能力，做好指导工作
		5—6分钟：分享反思	1. 能根据教师提供的照片、描述的情境、记录等进行简单的游戏分享； 2. 能听懂他人的游戏分享，并与他人进行简单的游戏讨论	1. 回顾游戏，通过照片、提问引导幼儿回顾游戏情节、叙述游戏故事，帮助幼儿较完整地叙述游戏情节； 2. 肯定幼儿的表现，增强幼儿分享的积极性； 3. 与幼儿共同讨论得出游戏经验	1. 小班幼儿评价和分享的能力还有限，以教师评价为主，幼儿愿意参与即可； 2. 尽可能肯定幼儿，多分享“哇”时刻，正面引导幼儿进行游戏

表 6-2　中班角色区活动实施与指导的时间规划与流程

年龄段	游戏时长	时间规划与流程	幼儿可做的事	教师可做的事	注意事项（指向教师）
中班	55分钟左右	8—10 分钟：选区和计划	**选区：** 1. 选区前，通过师幼谈话了解今天的主题和内容，有一定的想法； 2. 选区时，根据自己的意愿选择区域进行插排，明确自己扮演的角色，如果遇到困难可以尝试协商和寻求教师帮助 **计划：** 1. 根据所选区域和角色分享计划（和谁玩？玩什么？怎么玩？），用语言、绘画等方式表征自己的计划； 2. 进区前，根据角色选择相应的材料（角色性的服饰、配饰等）装扮自己	**选区：** 1. 选区前，与幼儿谈论主题和角色，如这些角色可以做哪些事情，引导幼儿说一说今天想扮演什么角色、想和谁一起玩、可以做些什么、怎么做可以玩得更好，引导幼儿根据意愿选择区域及角色； 2. 选区时，观察幼儿的选区情况，并给予适时的引导（尝试各种角色、全面发展） **计划：** 1. 分享时，倾听幼儿的想法并给予其语言上、材料上的支持； 2. 回顾近期活动情况，以肯定为主，同时与幼儿讨论游戏中的注意事项并提出要求（常规、安全、交往技巧等）	1. 选区前要引导幼儿均衡选择区域和角色，对各种角色有一定的了解； 2. 当幼儿选区困难或者未选择到想要的角色时，与幼儿讨论解决方法； 3. 中班幼儿开始有与同伴交往的意愿，但缺乏技巧，教师要正确看待幼儿之间的冲突，不可简单粗暴处理； 4. 中班幼儿计划时有一定的想法，教师要鼓励和帮助幼儿，使其计划更适宜，并给予其材料、经验等方面的支持
		25—30 分钟：分区活动	1. 根据角色开展游戏，能与他人友好交流； 2. 通过材料、环境、角色进行买卖等互动游戏； 3. 遇到问题和困难，能找同伴和教师帮忙或者尝试自行商量解决	1. 全场观察，确保幼儿进入相应区域有序进行游戏； 2. 根据重点观察内容进行定点观察，时间为 3—5 分钟，并利用手机、笔记本等做好活动记录； 3. 出现问题和冲突时，判断情况，先观察再引导幼儿尝试解决； 4. 发现“哇”的时刻，用手机等记录幼儿的游戏情况； 5. 提醒幼儿进行生活活动； 6. 针对幼儿活动、教师指导、区域创设等进行及时的反思	1. 重点观察与全场观察共生，确保每个幼儿都在进行游戏； 2. 尽可能进行间接指导，提出启发性问题激发幼儿思考，进而引导其找到解决问题的办法； 3. 游戏中尽量少干预，以观察为主，进行隐性指导（闭上嘴，管住手，睁大眼，竖起耳）； 4. 鼓励幼儿与同伴交往，并利用规则和环境引导幼儿有序游戏

续表

年龄段	游戏时长	时间规划与流程	幼儿可做的事	教师可做的事	注意事项（指向教师）
中班	55分钟左右	5—8分钟：收拾整理	1. 根据结束音乐或者教师的提示进行收拾整理，前4分钟音乐舒缓，后3分钟音乐节奏加快，根据音乐调整整理的节奏； 2. 插排在哪个区就收拾哪个区的材料，根据材料标志（以简笔画、数字、图形为主）进行分类收拾和整理； 3. 看到别的区域同伴未完成整理时，帮忙一起整理	1. 提醒幼儿将材料整理归位，鼓励幼儿互相帮助，可以引导和鼓励已经完成整理工作的幼儿帮助能力弱的幼儿，发挥同伴作用； 2. 关注全体幼儿，提醒完成的幼儿进行生活活动，等待其他幼儿，鼓励未完成的幼儿加快完成； 3. 可以将幼儿一些好的整理方法及情况用照片的形式记录保存	1. 收拾整理的时间应当灵活，先结束游戏的幼儿可以先收拾，对于帮助他人收拾的行为要给予肯定； 2. 引导和鼓励幼儿探索收拾整理的方法
		8—10分钟：分享反思	1. 幼儿能根据教师提供的照片、描述的情境、记录等进行游戏分享； 2. 能听懂他人的游戏分享，并与他人进行简单的游戏讨论； 3. 能接受他人对自己的建议	1. 回顾游戏，通过照片、提问引导幼儿回顾游戏情节、叙述游戏故事，帮助幼儿较完整地叙述游戏情节； 2. 通过“自评+他评”的形式开展分享活动，肯定大胆表达的幼儿，增强幼儿分享的积极性； 3. 引导幼儿进行简单的游戏故事记录，更好地理解幼儿的游戏行为与需要； 4. 与幼儿共同讨论得出游戏经验	1. 中班幼儿的评价和分享能力有限，要以鼓励的态度看待幼儿的分享； 2. 尽可能多地给幼儿表达的机会

表 6-3　大班角色区活动实施与指导的时间规划与流程

年龄段	游戏时长	时间规划与流程	幼儿可做的事	教师可做的事	注意事项（指向教师）
大班	60分钟左右	8—10 分钟：选区和计划	**选区：** 1. 选区前，通过师幼谈话了解今天的主题和内容，有具体的想法和玩法； 2. 选区时，能根据自己的意愿选择区域，明确自己扮演的角色，如果遇到困难尝试协商和解决 **计划：** 1. 根据所选区域和角色分享游戏计划（和谁玩？玩什么？怎么玩？），用语言、绘画等方式表征自己的计划； 2. 大胆介绍计划，当别人提出建议时，有自己的主见，也能根据同伴及教师的建议调整计划和玩法	**选区：** 1. 选区前，师幼、幼幼谈论主题及该主题下还可以有哪些角色人物，引发幼儿思考这些角色可以做哪些事情，引导幼儿说一说今天想和谁一起玩、可以怎么玩、怎么玩可以更有趣（创意、新玩法的产生），引导幼儿根据意愿选择区域及角色； 2. 选区时，观察幼儿选区情况，并给予适时的引导（尝试各种角色、全面发展） **计划：** 1. 鼓励幼儿大胆进行计划的分享，倾听幼儿的想法并给予其语言上、材料上的支持，以及通过多样化的引导启发幼儿得出更好地游戏的一些方法； 2. 回顾近期活动情况，以肯定为主，同时引导幼儿讨论怎么更好地游戏（游戏中的注意事项，常规、安全、交往技巧等）	1. 大班幼儿已有充分的自主意识，要尊重幼儿的意愿，如出现矛盾，鼓励幼儿自己解决； 2. 大班幼儿的计划和想法比较完整，有一定的创意，在肯定计划的基础上引导幼儿关注计划的落实情况
		30—35 分钟：分区活动	1. 根据主题开展游戏，能与他人、材料有效互动； 2. 通过材料、环境、角色进行买卖等互动游戏； 3. 遇到问题和困难，能自己想办法或者与同伴商量解决	1. 全场观察，确保各个幼儿进入相应区域有序进行游戏； 2. 根据幼儿的游戏计划，适当引导幼儿按照计划进行； 3. 根据重点观察内容进行定点观察，时间为 3—5 分钟，并利用手机、笔记本等做好活动记录； 4. 发现“哇”的时刻，用手机等记录幼儿的游戏情况； 5. 出现问题和冲突时，判断情况严重程度，先观察再引导； 6. 针对幼儿活动、教师指导、区域创设等进行及时的反思	1. 重点观察与全场观察共生，确保每个幼儿都在进行游戏； 2. 尽可能少干预，以观察为主，启发引导（闭上嘴，管住手，睁大眼，竖起耳），把握好放手和放任的度； 3. 鼓励幼儿与同伴交往，并用规则和环境引导幼儿有序游戏

续表

年龄段	游戏时长	时间规划与流程	幼儿可做的事	教师可做的事	注意事项（指向教师）
大班	60分钟左右	5—7分钟：收拾整理	1. 根据结束音乐进行收拾整理，前3分钟音乐舒缓，后2分钟音乐节奏加快，根据音乐提示调整整理节奏； 2. 根据材料标识（符号）快速进行分类收拾和整理； 3. 看到别的区域幼儿未完成整理，主动帮忙一起整理	1. 提醒幼儿将材料整理归位，鼓励幼儿相互帮助； 2. 关注全体幼儿，提醒完成的幼儿进行生活活动或游戏记录； 3. 将幼儿好的整理方法及作品用照片、保留现场等形式记录保存	1. 收拾整理的时间应当灵活，先结束游戏的幼儿可以先收拾、先记录； 2. 引导和鼓励幼儿运用一定的方法进行收拾整理
		8—10分钟：分享反思	1. 幼儿主动分享游戏情况，用回忆、游戏故事书、情境再现等方法表达； 2. 能认真倾听他人的游戏分享，并对此有一定的想法，当有不同见解时能礼貌地提出自己的看法； 3. 当他人提出建议时，能平静接受，进行一定的反思，并有对下一步行为的初步计划	1. 回顾游戏，通过提问方式、照片形式引导幼儿有逻辑地回顾游戏情节、叙述游戏故事，帮助幼儿更加有逻辑、更完整地叙述游戏情节； 2. 进行“大、小分享”，满足幼儿的表达欲望，教师可以引导幼儿先进行组内“小分享”，再进行全班集体“大分享”，增强幼儿分享的积极性，用启发式的方法引导幼儿总结游戏经验； 3. 记录故事，引导幼儿梳理自己的经验，更好地理解幼儿的游戏行为与需要，促进幼儿主动学习，增强幼儿在分享环节的自主性	1. 大班幼儿的小组协商、合作能力在不断提高，评价分享可以采用“小组+集体”的方式，让更多的幼儿参与分享和评价； 2. 重视幼儿计划的落实情况，鼓励幼儿对游戏情况进行记录

表 6-4 中班混班角色区活动实施与指导的时间规划与流程

年龄段	游戏时长	时间规划与流程	幼儿可做的事	教师可做的事	注意事项（指向教师）
中班	55分钟左右	8—10 分钟：选区和计划	**选区：** 通过师幼之间的谈话，明确近期游戏的主题，通过在游戏中提供的半成品或成品材料进行游戏，通过区域插排选择自己喜欢的游戏种类 **计划：** 利用“游戏计划本”对今天的游戏做出计划，明确自己在游戏中需要做的事情，再通过游戏区的材料来装扮自己	**选区：** 通过师幼对话，告知幼儿游戏区新增减的材料有哪些及可以运用什么材料玩哪些游戏，并通过提问让幼儿明确今天的游戏任务 **计划：** 用照片、视频记录下幼儿在游戏中存在的优缺点，比较好的地方可以大家一起分享，不足之处可以让幼儿一起比较，说出更好的玩法，以便下次改进	在混班幼儿选择游戏插排时要注意班级之间游戏的均衡，以促进各班幼儿社会交往能力的发展。当教师发现某一游戏区的幼儿全是同班幼儿的时候，需要介入，引导幼儿选择不同的游戏区
		25—30 分钟：分区活动	1. 在区域中进行装扮，通过角色扮演进行同伴间的交流，促进游戏的发展； 2. 利用游戏区域间的隔断，将游戏串联起来玩	角色的定位要准确把握，介入指导要适宜。幼儿的探索学习需要得到教师的支持、帮助，但这并不意味着教师可以不分情况地随意提供帮助。教师应该有这样的理念：只有当幼儿确实因其本身经验与能力的局限而难以继续探索活动的时候，才给予一定的支持。区域活动要体现教师的隐性指导。如果教师的指导太突出，完全处在一种主导、主动、主持的地位，有时反而会限制、影响幼儿的活动	1. 多观察，发现有幼儿融入不了其他班级时可以进行介入，适当介入可以让幼儿顺利开展游戏； 2. 观察、记录幼儿在游戏中的表现，当发现幼儿不是很会游戏时，可以对游戏内容和情节进行引导，也可以对游戏中幼儿遇到的问题和争执进行引导，教师首先是幼儿游戏的指导者，其次才是合作者
		5—8 分钟：收拾整理	通过区域的提示性标识，自主将游戏材料放回原处，将区域整理好	1. 鼓励幼儿把自己玩的区域收拾整齐，并根据幼儿整理区域的情况，对于比较难收拾的区域安排已经收拾好的幼儿一同帮忙； 2. 幼儿收拾完，教师进行讲评，对收拾整齐的区域进行表扬，说一说幼儿表现好的地方，对没有收拾完整的区域进行整改	考虑到幼儿不是在同一个班级的，需要时间磨合，教师要给予幼儿一些时间，让幼儿在慢慢磨合中合力将区域整理好

续表

年龄段	游戏时长	时间规划与流程	幼儿可做的事	教师可做的事	注意事项（指向教师）
中班	55分钟左右	7—11分钟：分享反思	1. 回想游戏过程中遇到的困难或者游戏中表现出色的地方、值得同伴学习的地方； 2. 能够通过游戏反思自己的不足之处，并且能够在回班时利用纸笔将想说的话画下来，形成游戏记录本，以便下次更好地进行游戏	1. 鼓励幼儿主动分享游戏过程中表现得好的地方，并在当下的游戏区中与同伴共享这一玩法； 2. 引导幼儿将游戏中的不足或者值得下次学习的地方记录下来，并且帮助幼儿用图文并茂的形式记录	1. 由于是混班游戏，分享这一环节很难在各班进行，可以在当下的游戏区中直接进行分享，同时教师需要在游戏过程中利用照片或者视频进行记录，在分享时及时对幼儿的观点进行补充； 2. 在混班游戏中，负责该游戏的教师需要把握住其他班级幼儿的游戏情况，不能只关注本班幼儿，要记录下不同班级幼儿的游戏情况，以便下次指导参考

表 6-5　全园混龄角色区活动组织与实施的时间规划与流程（以“禾园”为例）

年龄段	游戏时长	时间规划	具体流程
小、中、大班	50分钟左右	8—10分钟：选区	1. 相应小、中、大班级进入“禾园”，根据意愿分别在“禾园”大区牌处贴上相应颜色的贴纸进行选区； 2. 选区完成后穿上对应颜色的马甲（小班：蓝色；中班：红色；大班：黄色）
		25—30分钟：进区活动	1. 幼儿根据所选角色进行游戏； 2. 每个混龄游戏的区域有一个相应的负责教师进行观察与指导
		5—7分钟：收拾整理	1. 每个区域的幼儿负责所属游戏区域的收拾和整理工作； 2. 由大带小，分工整理
		5—10分钟：分享反思	1. 幼儿自主讨论，大胆分享收获和感受； 2. 区域负责教师和幼儿一起对游戏中出现的问题或相关行为进行分享和反思

第二节　角色区活动实施与指导的策略

一、角色区活动各环节实施与指导的策略

（一）活动前的实施与指导策略

1. 珍视生活，发现幼儿兴趣

日常生活活动是幼儿角色游戏的源泉，幼儿多以模仿的形式将生活中的内容迁移到角色游戏中。因此，在活动前，教师要多加丰富幼儿的相关生活经验，通过讨论、谈话等形式引发幼儿对生活的回顾。还可以通过实地的参观、游览不同生活场所，丰富幼儿对社会不同角色的工作内容和流程的认知。除此以外，教师依然要注重观察，及时挖掘幼儿的兴趣，以此为前提引导幼儿选择自己感兴趣的游戏角色和内容，从而培养幼儿游戏的自主性和主动性。

观察是教师了解幼儿、支持幼儿发展的重要途径。发现和了解幼儿感兴趣的活动可以更好地为幼儿提供适时的材料和经验支持。可以通过观察、回顾，增加幼儿的经验。对于小班幼儿来说，他们的游戏往往是自我的、无目的的。教师要做好前期观察，及时提供幼儿感兴趣的材料与环境。而对于中班、大班幼儿，教师要帮助他们总结上一次活动中出现的问题，并利用晨间或活动前的谈话，帮助幼儿提出解决问题的办法，让幼儿更好地开展活动。

2. 设置有效主题，引发幼儿思考

角色类游戏往往需要有效的主题活动来帮助幼儿建立角色意识。当被给予一个明确的主题时，幼儿能够有方向地思考角色的属性；不断深化的角色形象也能有效引发幼儿的思与言。每个角色区都具有特定的主题和话题，幼儿在活动前可以有目的地思考：我要扮演谁？我可以做哪些事？对于经验较为丰富的中班、大班幼儿来说，他们可以深入其中，探索新的角色内容。例如，幼儿从在“奶茶店”游戏中只对“服务员”这一角色有较为熟练的游戏经验，发展到在“茶”这个主题游戏的不断深入中认识茶艺师的角色，并在游戏中展现出此类角色的行为模式。幼儿对事物的认知也在这种过程中得到拓展。

3. 制订计划，明确活动目标

开展活动前，教师、幼儿进行计划的分享和讨论，教师了解幼儿的想法和计划，幼儿分享自己的设想和需求。师幼在活动前的有效计划，有助于幼儿有目的地开展

活动，也有利于教师有计划地观察和支持幼儿的活动。例如，在大班角色区“花花家”游戏中，幼儿在前期活动后发现“制作”和“买卖”这两件事同时进行会出现人手不足的情况，有幼儿提议请美工区的幼儿帮助制作，“花花家”只进行买卖，但是需要“派送员”帮助派送制作好的手工制品。在这次讨论后，“花花家”的幼儿和美工区的幼儿明确了要求，并获得一名主动帮忙的“派送员”，他们根据调整情况再次进行游戏。

（二）活动中的实施与指导策略

1. 观察倾听为先

教师在角色游戏中的观察尤为重要，教师需要的是“看懂”幼儿游戏，而不是“看见”游戏。首先，应观察和了解幼儿游戏的主题是什么，为什么确定这个游戏主题，以及这个游戏主题与生活有没有关系。其次，应观察幼儿在游戏中能否围绕主题稳定开展游戏，并且注意倾听、记录下幼儿间有意义的对话，在必要的时候给予指导。最后，教师可以观察幼儿在游戏中的角色、幼儿游戏情节的发展、幼儿在游戏中的交流和交往、幼儿游戏的持续时间与兴趣、幼儿对游戏规则的理解与遵守等内容。

2. 间接指导为主

间接的指导方法一般有提问、提示、评论，以及适时投放玩具和游戏材料。教师在观察到游戏中出现问题并且幼儿无法解决时，可以以角色身份进入幼儿游戏，参与幼儿游戏，适当对幼儿进行语言上的指导。尽管教师介入到游戏中，但幼儿依旧是游戏的主人，教师只是幼儿的“参谋”，以角色的身份、游戏的口吻，或以提供游戏材料的方法启发、引导幼儿，仍然让幼儿自己设计游戏内容，发挥幼儿的主动性和积极性。

3. 正面鼓励，增强信心

在角色游戏中，教师的反馈和鼓励对于幼儿的发展至关重要。教师应该对幼儿的表现给予积极的反馈，激励他们继续探索和尝试。例如，当幼儿在游戏中扮演医生时，教师可以称赞幼儿的耐心和良好态度，鼓励他们继续发挥创造力，并提供更多的场景和道具来拓展他们的游戏想象力。

4. 有效互动，促进发展

良好的师幼关系也对游戏起到了推动作用，师幼之间应相互信任，教师要懂得如何去满足幼儿需求，这就需要教师与幼儿一起商议、讨论对哪个主题感兴趣，最终达成共识，确定主题。教师与幼儿可以一起准备游戏材料，在搜集材料的时候，教师引导幼儿预想需要什么材料、可以从什么地方获得材料，收集材料的过程也是幼儿学习的过程。

（三）活动后的实施与指导策略

1. 游戏回顾与分享

在游戏结束后，教师可以组织幼儿进行游戏回顾与分享；可以邀请幼儿描述自己扮演的角色、参与活动的感受及游戏中的有趣经历。这些都有助于培养幼儿的语言表达能力和逻辑思维能力。同时，教师也可以通过幼儿的分享，了解他们的游戏水平和兴趣爱好，为后续指导提供依据。

2. 经验总结与提升

在回顾游戏的基础上，教师可以引导幼儿总结游戏经验，包括解决问题的策略、合作与沟通的技巧等。通过讨论和分享，教师可以帮助幼儿认识到自己在游戏中的优点和不足，并提出有针对性的建议和指导。此外，教师还可以鼓励幼儿思考如何改进自己在游戏中的表现，培养他们的自主学习和自我提升能力。

3. 情感交流与支持

角色区游戏往往涉及幼儿间的合作与竞争，因此游戏后的情感交流与支持同样重要。教师可以关注幼儿在游戏中的情绪变化，给予表现不佳或受挫的幼儿及时的关心和鼓励。同时，教师也可以通过与幼儿的交流，了解他们的心理需求和困惑，提供必要的支持和引导。

4. 环境创设与资源利用

游戏后，教师还需要关注游戏环境的创设和游戏资源的利用情况。可以根据幼儿的兴趣和需求调整角色区的设置和道具的选择，以进一步激发幼儿开展游戏的兴趣和创造力。此外，教师还可以利用游戏资源组织延伸活动，如角色扮演表演、故事创作等，以进一步拓展幼儿的学习经验。

二、各年龄段幼儿角色区活动实施与指导的策略

（一）小班角色区活动实施与指导策略

小班幼儿一般喜欢独自游戏，对模仿成人动作或玩具感兴趣，角色意识差，游戏的主要内容是重复操作、摆弄玩具，游戏主题单一，情节简单，角色游戏中的动作交往多于语言交往，更多地依赖玩具进行游戏，满足于对玩具的摆弄，缺乏交往能力。

1. 协助做好活动计划，帮助分配角色

游戏前，教师应帮助幼儿做好游戏计划，根据本班幼儿开展角色游戏的情况，考虑游戏的内容、角色的分配、个别幼儿的教育及游戏过程中的常规设计等问题，增强幼儿的角色意识。

2. 基于幼儿角色游戏水平提供充足材料

在使用材料进行游戏时，小班幼儿“以物代物”的能力不强，这使他们在模仿同伴的游戏时也往往追求和同伴相同的游戏材料，若同样的玩具材料不足，就容易发生争抢。因此，教师要注意给幼儿提供丰富的游戏材料，以激发他们开展游戏的愿望。

3. 共同创设游戏情境，增强幼儿的角色意识

小班幼儿的角色意识较为薄弱，他们在游戏中常常忘记自己扮演的角色，教师应以平行指导的方式进行引导或提醒。比如，“娃娃家”中的“妈妈”，看见旁边“水果店”的买卖很热闹，按捺不住，跑去买东西了，而将怀里的“娃娃”扔在了地上。教师看见后，提醒道：“这是谁家的宝宝在哭？哪个粗心的妈妈把宝宝扔在地上了？”教师通过游戏的方式提醒幼儿，以保证幼儿角色扮演的稳定性。

4. 做幼儿游戏的伙伴，丰富角色游戏情节

教师可用平行游戏法指导幼儿游戏，也可以以游戏中角色身份加入游戏，在与幼儿的互动、对答中达到指导的目的。例如，教师和幼儿扮演同一“娃娃家”的妈妈，幼儿扮演的妈妈只是抱着“娃娃”，有时拍拍“娃娃”或做喂饭的简单动作，教师扮演的妈妈一边抱着“娃娃”，一边将奶瓶嘴塞在“娃娃”嘴里，并把“娃娃”放在小床上，盖上小手帕，轻轻拍拍，嘴里哼着催眠曲……教师的一系列动作会潜移默化地影响幼儿，使之能模仿学习，并在自己的游戏中加以体现。教师除了可参加到游戏中进行指导外，还可从游戏的外部对游戏做出建议和评价，通过提问、评价来鼓励幼儿进一步开展游戏。

幼儿参与买卖游戏

5. 有目的地引导，注重游戏体验的分享

小班幼儿刚开始时收拾整理的能力较弱，教师可以进行协助，引导幼儿有目的地认识对应的标识，加深幼儿的印象。对于活动后的分享，小班幼儿更多的是对游戏中的情感体验进行分享，教师可通过幼儿分享的情感体验，找出游戏中出现的一些问题，协助幼儿一起总结经验，提升其游戏水平。

（二）中班角色区活动实施与指导策略

中班幼儿的有意行为开始发展，注意力更加集中；开始学习控制情绪，进行自我安慰；理解能力逐渐增强，想象力更加丰富；规则意识逐渐萌发，能对日常生活现象

进行简单的模仿……但中班幼儿的各项能力发展仍处于初级阶段，并且个体差异较大，许多行为尚未建立。所以，教师在中班幼儿角色游戏过程中的指导必不可少。但是，如何把握指导的“度”，是困扰教师的一个大问题。[1] 具体有以下实施与指导策略。

1. 引导幼儿做好角色分配，充分认识角色，深化角色意识

针对中班幼儿，游戏前教师可以引导他们根据自己的意愿自行分配角色。但考虑到部分幼儿对角色认识不到位，在开展一个新的角色游戏时，幼儿不清楚自己究竟要做什么，这时教师可以请一些表现能力强的幼儿先做示范，其他幼儿跟着学习，等大家都熟悉后再自行选择。教师要做好这类观察和引导工作，帮助幼儿厘清角色之间的不同与联系，促进幼儿与角色之间的有效互动。

2. 鼓励幼儿确定游戏主题，设计游戏情节

中班幼儿不管是模仿扮演还是想象和创造能力都有了一定的提升，也拥有了一定的知识经验。因此，教师可以通过多种方式丰富幼儿的相关经验，在游戏活动开展前引导幼儿回忆相关经验，确定好游戏主题，设计好游戏情节，有目的地开展游戏。此外，教师还可通过投放低结构的材料来更好地丰富游戏主题。

3. 注重观察幼儿的交往行为，给幼儿提供自主解决问题的机会

中班幼儿已经在学习控制自己的情绪，但很多时候还是会“情绪失控”，教师可以在游戏中仔细观察并认真分析幼儿起冲突的原因，以适当的方式介入幼儿游戏并进行指导。当幼儿有求助需求时，当游戏中出现危险因素和不安全行为时，当游戏中发生严重冲突导致活动停顿时，教师需要及时介入、指导。教师还可以通过材料投放、榜样示范、参与游戏等方式进行间接指导。[2]

4. 引导幼儿自主收拾整理，组织好幼儿和同伴之间的交流与评价

中班幼儿的自我服务能力正处于提升阶段，教师可以让幼儿自己完成收拾整理工作。整理结束后，教师要引导幼儿对自己的角色游戏进行讲述，说一说自己在游戏中的表现，分享游戏经验。结束时，教师可用建议式的语气对幼儿的角色游戏进行讲评，以正面教育为主，给予积极评价和鼓励。

（三）大班角色区活动与实施指导策略

1. 加强计划分享，培养幼儿的自主性和计划性

角色游戏中计划分享的意义在于增强幼儿在游戏过程中的参与感，培养他们的合作能力、解决问题能力及自我反思能力。把更多的时间留给幼儿，可以让幼儿独立自主地开展游戏，与同伴商量着分配角色。这些能力对于幼儿的成长和未来发展

[1] 于桓烽．中班角色游戏的组织与指导［J］．上海托幼，2021（9）：36-37.

[2] 叶丽雅．幼儿园角色区域活动的指导策略探讨［J］．成才之路，2018（13）：71.

都具有重要的意义。

2. 重点关注幼儿在游戏中的合作行为，必要时进行适当引导

教师要对幼儿的游戏活动进行充分观察，重点关注幼儿在游戏中的合作性，在“不得不”的时候给予相应指导。如当幼儿出现角色偏差，尝试解决问题但无果时，教师可进行适当引导。游戏中，教师应做到隐性指导与显性指导相结合。

3. 允许并鼓励幼儿在角色游戏中延伸主题，培养幼儿的创造力

角色游戏是创造性游戏，能够让幼儿借助想象与创造，体现出更加丰富多彩的主题、角色与情节。幼儿在角色游戏中，会主动地去想象角色、物品甚至情节。借助角色游戏，可以提升大班幼儿的创造力、想象力。

（四）中班混班角色区活动实施与指导策略

1. 借助环境进行隐性指导

为保证活动的顺利进行，可以借助环境布局让幼儿对于区域的选择、材料的取放做到一目了然。比如，在角色长廊的游戏中，不同区域是可以联动的，幼儿并不单一地在某一区域中游戏。由此会产生幼儿将这一区域的材料混放到另一个区域的现象。对此，教师可以用不同的颜色标记代表不同的区域，也可以用一种形状或颜色的材料筐标记一个区域，给幼儿一种隐性的提示。

2. 进行情境性指导

幼儿思维还没有发展成熟，对外部世界感到很陌生，但对日常生活中的事情更容易接受，通常比较喜欢生动、直接的情境性指导，不太喜欢枯燥、乏味、刻板的引导方式。利用幼儿的这一特点，教师可以在游戏中多增加些生活类的材料，设计些生活类主题活动。

3. 进行观察参与指导

教师想要更好地指导幼儿进行区域游戏，要先学会仔细观察，细心了解幼儿在活动中的兴趣及实际需求，发现幼儿游戏中出现的一些问题，然后及时帮助幼儿调整游戏中的材料，解决游戏中的问题。

4. 进行讨论建构指导

每次游戏结束后，教师要引导幼儿讨论游戏中出现的一些问题，然后引导幼儿根据自己的知识生成一些新的经验，这样不仅有助于增加幼儿的经验，还可以为下一次游戏提供科学合理的依据。

（五）全园混龄角色区活动实施与指导策略

1. 角色扮演策略

角色扮演游戏，可以让幼儿体验不同的社会角色和职责。教师可以根据幼儿的

年龄和能力，设计难度不同的角色任务。在游戏中，教师可以引导幼儿模仿角色的行为、语言和思维方式，培养他们的想象力和创造力。

2. 合作竞争策略

在混龄角色区活动中，教师可以设置一些需要合作完成的任务。通过合作与竞争的方式，培养幼儿的团队意识和竞争意识。同时，教师也可以引导幼儿在合作中掌握倾听、协商、妥协等社交技巧。

3. 语言交流策略

语言是全园混龄角色区活动中不可或缺的元素。教师可以通过设置交流环节，鼓励幼儿用语言表达自己的想法和情感；教师可以提供丰富的语言材料和情境支持，帮助幼儿提高语言能力和沟通能力。

第三节 角色区活动实施与指导案例

一、小班角色区活动实施与指导案例

小班角色区“娃娃家”活动实施与指导案例

情境描述

梦航和悦兮在“娃娃家”走来走去，他们一会将灶头、碗从厨房搬到房间的床上，一会把盘子放在地上。老师以小客人的身份来到娃娃家，敲敲门问道：“梦航，悦兮，我来找你们玩了！天哪，发生什么事情了？”梦航低着头继续摆弄“娃娃家”的玩具，悦兮对老师说：“都是梦航让我把东西搬到地上来的。”老师说：“食物都掉到地上了，还怎么吃呀？”悦兮说：“那我来整理吧，吃的东西要再洗洗。”老师说：“梦航，下次不要把吃的放在地上，这样很不卫生呀，而且家里也乱乱的。”老师说完后，孩子们开始整理，找到和柜子上的小标识一样的玩具，然后把相应的物品放进盘子里。

幼儿在整理材料

分析

幼儿在角色游戏中会比较兴奋，自由操作、自主探索的机会和空间也较大，往往会忽视一些规则和要求等。因此，教师的关注与引导非常重要，及时的、适宜的、有效的指导可以让幼儿获得较好的经验和发展。

教师指导与反思

首先，教师可以把一些整理的要求、方法在游戏中隐性地教给孩子。《指南》提出，“3—4 岁幼儿能将玩具和图书放回原处”。教师要鼓励幼儿做力所能及的事情，对幼儿的尝试和努力给予肯定，以调动他们的动手积极性。

其次，游戏结束后，教师应引导幼儿根据图片标记，自主将相对应的玩具放回原处，若发现有放得不对的则请幼儿自己调整。另外，也可通过家园合作方式，培养幼儿自觉收拾整理的习惯。

（江苏省汾湖高新技术产业开发区实验幼儿园　蒋志兰）

二、中班角色区活动实施与指导案例

中班角色区“理发店”活动实施与指导案例

幼儿在“理发店”玩烫头发游戏

情境描述

“理发店”迎来了“小客人”祺祺，“理发师”烁烁对着墙上的价目表，热情地介绍起烫发、剪发的价格，祺祺探过身再次确定了价目表，决定烫个头。烁烁熟练地将小夹子夹在祺祺的头发上，两个人就这样开始了等待的过程。祺祺好奇地打量着“理发店”的其他材料，指指洗头发的材料，问道：“我需不需要洗头啊？”烁烁看着眼前的材料和工具，挠了挠小脑袋，用不确定的语气问老师：“老师，需要洗头发吗？”老师说：“洗完再烫可能效果会更好。”听了老师的话，祺祺拿下头发上的夹子，跟着烁烁来到了洗发池旁。当祺祺躺下的时候，烁烁开始挤压洗发水在祺祺头上揉搓，再进行冲洗。祺祺在游戏的过程中，逐渐变得兴致索然，而烁烁对“理发店”的材料、理发步骤也不甚熟悉。

分析

《指南》指出："幼儿的社会性主要是在日常生活和游戏中通过观察和模仿潜移默化地发展起来的。"幼儿大多有和父母前往理发店理发的经验，他们对理发店也产生了浓厚的探索欲望。但在游戏过程中，幼儿的积极性随着时间的流逝愈来愈弱，消极等待、无意识摆弄材料、不熟悉操作流程的情况很多。这说明幼儿对理发店的了解、对游戏材料的使用，以及教师对材料的投放等方面都存在一定的问题。

教师指导与反思

首先，通过搜集资料、观看视频，幼儿发现理发店里除了有理发师和顾客外，还有店长、前台服务员等角色，并且理发师并不仅限一名。由于场地的限制，最后幼儿决定增设服务员的角色。当理发师正在为顾客烫发时，服务员可以向等待的顾客介绍各种颜色、款式的发型，说明理发师会如何操作，以及收集顾客的喜好等，减少顾客的消极等待。

其次，教师与幼儿共同商讨剪发、烫发的步骤，并将其制作成示意图放在"理发店"的墙上以供幼儿进行模仿。同时，材料投放可以多样化一些，让幼儿的操作更加流畅。

（江苏省汾湖高新技术产业开发区实验幼儿园　陆文嘉）

三、大班角色区活动实施与指导案例

大班角色区活动实施与指导案例

情境描述

户外活动中有很多自行车，而幼儿园长廊中只有自制的几辆公交车，于是孩子们提出可以添制几辆自行车。因此，新的游戏开始了。小朋友们自主讨论选出了尧尧扮演交警的角色，剩下的小朋友自行选择了滑板车、自行车、载人三轮车等。有的三两搭车，有的独自骑行，有的站在路边等着。高与延问道："我可以坐你的三轮车吗？"王抒雨说："那你上来吧，我带你去兜风。"高宇延说："那我们去真真家吧。"说着坐上了王抒雨的车。

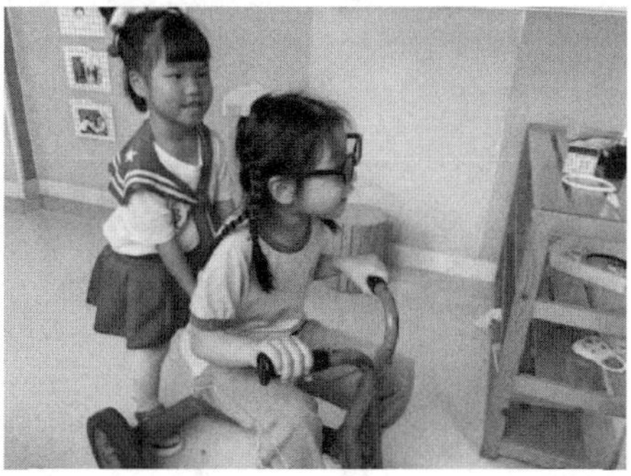

幼儿用小车当作交通工具

分析

幼儿能与同伴协商分配角色，活动时能与同伴分工合作，能想办法吸引同伴和自己一起游戏。幼儿把所学知识、日常生活中汲取的经验运用到游戏中，能做到自觉遵守规则，能看懂交警的简单手势和在公路上行驶须遵守的交通规则等。在分享交流活动中，对于提出的问题，幼儿能自己想办法解决，还能提出自己的整改意见。

教师指导与反思

教师是幼儿活动的支持者，可根据幼儿的活动需要，提供更丰富的材料，支持幼儿自主创设、搭建活动场景。教师要做一个观察者、引导者，观察幼儿游戏，非必要不介入。此外，在分享交流活动中要认真听取幼儿的意见，根据幼儿的需要不断进行材料的调整和补充。

（江苏省汾湖高新技术产业开发区实验幼儿园　钱蓓蓓）

四、中班混班角色区活动实施与指导案例

角色长廊活动实施与指导案例一

情境描述

韵韵、丞丞和熙熙等来自不同班级的小朋友进入角色长廊，刚准备进行游戏，就发现“娃娃家”中的玩偶和靠垫乱成一团，地上还有一堆小衣服。韵韵有些沮丧，说道：“怎么这么乱啊，怎么玩呀？”丞丞和熙熙说：“应该是其他班级的小朋友没有整理好，那我们赶紧整理一下吧。”

在整理的过程中，韵韵站在边上看着旁边的小朋友。面对乱糟糟的游戏区，她看看地上又看看同伴。三人之中，熙熙最先反应过来，说道：“我们先把东西捡起来，然后放到篮子里。”捡起地上的东西后，熙熙看到韵韵直接把衣服塞进篮子里，又说：“衣服要叠一下再放。”丞丞和韵韵按照熙熙的指挥，一起整理着衣服。

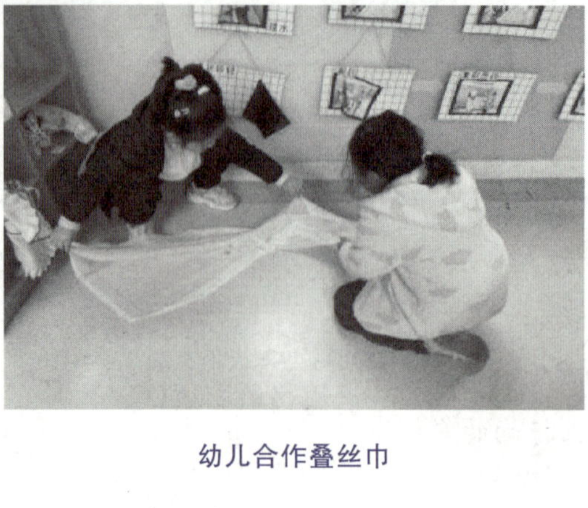

幼儿合作叠丝巾

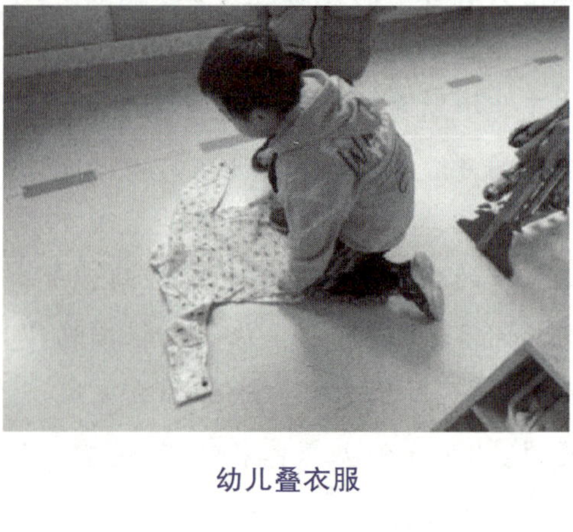

幼儿叠衣服

分析

从游戏中可以明显地看出，韵韵、熙熙、丞丞三人都是能够做到主动自觉地整理材料的，但由于是来自不同班级的幼儿，大家游戏时有点拘谨。熙熙的交往能力及语言表达能力发展较好，能清晰、有效地提出解决方案。在熙熙的提醒下，其他幼儿能一起整理材料。

教师指导与反思

在混班游戏中，幼儿之间不是特别熟悉，但游戏就是幼儿从不熟悉到熟悉的桥梁，在这个过程中，能力强的幼儿组织、带领同伴一起玩，能力弱的或者比较慢热、内向的幼儿可以在同伴的引领下获得直接经验和帮助。所以，教师需要细致观察幼儿在游戏中的表现和反应，了解幼儿的需求，尽可能地发挥同伴作用，让每一个幼儿都能在游戏中获得成就感、得到发展。

（江苏省汾湖高新技术产业开发区实验幼儿园　任秋伊）

角色长廊活动实施与指导案例二

情境描述

梓茉（中一班幼儿）在“美甲店”忙着给客人贴“指甲贴”，心娅（中三班幼儿）在旁边站了一会儿说：“我也要玩，该轮到我了！”梓茉看了心娅一眼没有说话。心娅伸手去拿材料盒子，梓茉丢下手里的东西就去拿回盒子，两人扯着盒子，梓茉嘴里说着：“这是我的，我先玩的。”心娅说：“我要玩，你已经玩了很久了，该轮到我玩了。”梓茉硬是不撒手，心娅眼看着抢不过了，一跺脚，一松手，发出一声“哼”。晴晴（中一班幼儿）这时说：“你们两个不要吵了，我们可以轮流玩，用剪刀石头布来决定。”心娅生气地说：“可是，我就是在排队等，她一直玩不完。”梓茉继续摆弄着手中的工具说：“昨天就是她玩这个玩了很久，我也等了很久，今天我也可以玩久一点。”

两名幼儿争抢材料盒子

幼儿玩美甲游戏

分析

“美甲店”对于幼儿尤其是女孩子非常有吸引力，但“美甲店”材料是消耗品，几次游戏后材料补充没有跟上，活动就会受到影响。对于混班活动，友好相处、互相谦让等要求相比同班幼儿活动来说更高，教师需要间接介入或提前引导不同班级幼儿和谐相处。本案例中，有幼儿在活动中消极等待的现象，出现了争夺材料和角色的问题，这是游戏设计和材料投放上出了问题。

教师指导与反思

“美甲店”虽然吸引了较多幼儿的关注，但他们对美甲的了解仅仅限于将指甲贴粘贴到指甲盖上，至于美甲店的营业流程、美甲师具体的工作步骤等，他们并不清楚。可以通过视频让幼儿了解在“美甲店”可以做哪些事，让“店员”分工再明确一些，同时可增加一名“店员”，让“老板”与“店员”的责任分开。在“顾客”等待时，可安排排队取号，“顾客”在等待时也可去其他区域游戏。对于混班游戏，幼儿经验不足，可由教师进行提前引导或者在游戏后进行回顾总结，避免游戏中出现争抢或不愿合作等现象。

（江苏省汾湖高新技术产业开发区实验幼儿园　王艳）

五、全园混龄角色区活动实施与指导案例

“禾园”活动实施与指导案例

情境描述

在“超市”中，大班的小胡和小班的两个小朋友一起扮演超市的工作人员。到游戏结束要整理的时候，小胡看着材料柜说：“怎么这么乱呀，饮料怎么到那排柜子里了，饼干盒怎么在这里呀？”然后他对着小班的两个小朋友说：“我们来整理一下吧。”但是小班的两个小朋友没能很好地摆放物品，有些还摆错了。小胡忙说：“你们怎么一直放不对呀，算了，先这样吧，来不及了，下班吧。”

幼儿一起整理“超市”货架

分析

小班幼儿年龄较小，分类摆放对于他们来说还是有点困

难的，他们不能准确地将物品整理好。从案例中可以看出，大班幼儿能发挥主导性，督促年龄比自己小的幼儿一起整理物品，但是他的坚持性不够，角色意识也不强，在整理不好物品的时候退缩了。

教师指导与反思

教师在幼儿出现问题的时候应及时进行引导。游戏已经结束后，教师的介入不会影响游戏的推进，反而会增强幼儿在游戏中的角色意识和任务意识。教师后期在分享的时候可以把问题抛给其他幼儿，一起讨论解决办法，让幼儿自己思考并讨论到底如何做才能使整理更加高效。同时，教师应该进行自我反思：混龄游戏中环境创设的原则及考虑的要素是否需要完善？是分类标识不明确或者不符合小班幼儿的年龄特点导致整理环节出现了问题，还是幼儿整理意识和能力不足导致的？当出现一种状况时，教师需要从多个方面去反思、分析具体的原因，并进行调整优化，这样的过程也是师幼共同成长的过程。

（苏州大学附属吴江幼儿园　龚雯婷）

第七章 自然联结　融合共生

——角色区活动与其他活动的融合

本章概要

角色区活动是幼儿自发、自主地与空间、材料、玩伴相互作用的情景性活动，是幼儿社会性发展的主要途径。本章从角色区与主题活动、生活活动、教学活动、户外活动四大活动的融合实践中，梳理出角色区活动与其他活动融合的原则、注意事项及策略，并进行生动鲜活实践案例的呈现。

思维导图

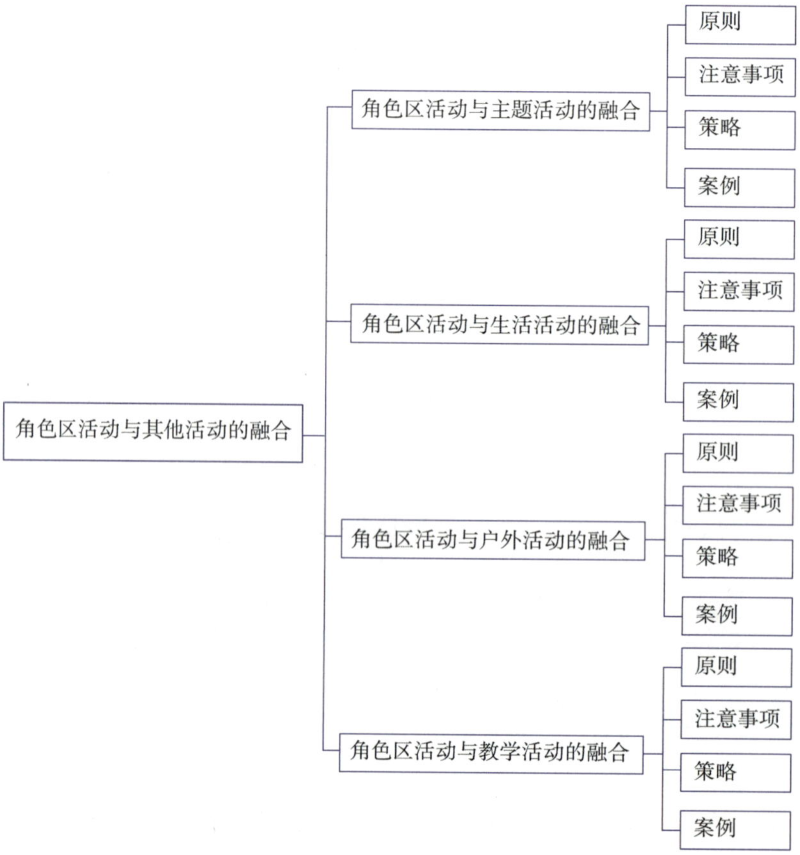

第一节 角色区活动与主题活动的融合

一、角色区活动与主题活动融合的原则

（一）开放性原则

幼儿的成长受到多方面的影响，开放的教育形式和教育环境对幼儿的发展有利且有效，有助于幼儿积极地接受主题活动。在角色区活动中，教师与幼儿共同讨论确定主题内容、角色、材料的收集与制作等工作，师幼共同创设幼儿熟悉的、想体验的生活环境和游戏情境，如“小超市”“小医院”“小吃店”“美容美发店”等。

（二）情境性原则

角色区活动通常都有一定的主题和话题。在“娃娃家”“小医院”等角色游戏中，幼儿通过服装、配饰等进行角色扮演，并对现实生活中的各种行为进行模仿，再现社会生活中的人际交往。例如，在“娃娃家”游戏中，通过穿戴围裙、袖套、眼镜（无镜片）等来体现奶奶的角色特点，更好地激发幼儿对角色的理解，开展游戏活动。

（三）支持性原则

角色区活动具有一种自我生成和自主表达的特性。角色区活动可以有多种主题，对于幼儿感兴趣的、适宜的主题，教师应给予尊重，教师可以根据幼儿的兴趣和发展需求，支持和引导生成新的主题或者话题。

二、角色区活动与主题活动融合的注意事项

（一）活用主题内容，夯实活动基础

教师应该遵循“学习（主题活动）与游戏是并存的”这一理念，结合幼儿的实际发展水平选择主题活动的课程内容，预设幼儿的活动内容，关注儿童的个性发展，挖掘幼儿的潜能，在各项活动中扮演好引导者、合作者、支持者的角色。

（二）收集主题材料，创设活动环境

环境创设要始终坚持幼儿参与的原则，力求区域活动与主题活动及班级环境有机整合。我们应放手让幼儿大胆地去参与角色游戏，去布置活动场所，并且逐步把主题活动内容和区域游戏互相渗透，使幼儿在丰富多彩的集体活动、游戏活动中与教师、同伴共同学习、共同探索、共同发展。

（三）完善活动过程，丰富主题内容

教师要在充分理解幼儿的基础上，对幼儿瞬间产生的思想予以肯定、支持和引导，并生成新的活动内容。当幼儿对于投放的新材料表现出兴趣或者产生困惑时，教师应该把这些疑问提出来，通过主题活动进行讨论，引导和帮助幼儿去探索和解决，或者传授给他们相应的知识。

三、角色区活动与主题活动融合的策略

（一）抓住契机，实现角色区活动与主题活动的融合

1. 预设主题与角色游戏融合

在实施预设主题时，各年龄段幼儿感兴趣的内容可以在主题活动中实现，也可以在角色游戏中得到延伸。比如，在混龄角色游戏中，针对同一时段各年龄段幼儿

都感兴趣的主题展开游戏。在同一时期开展的小班主题活动“果蔬飘香”、中班主题活动“多彩的秋天”、大班主题活动“秋天的收获”深受幼儿的喜爱，那么混龄角色区游戏中幼儿可以围绕“美丽的秋天”这一主题进行混龄游戏。围绕该主题，小班幼儿在“甜品店”增设了榨果汁的游戏情节，包含蔬果的清洗、切片、榨汁、包装、售卖等环节，并在中班、大班幼儿的协助下推出了各类蔬果汁产品。中班幼儿可以将拣拾的落叶、树枝、鹅卵石等作为材料投放至“木工坊”“花店”等游戏区域，开展工艺品制作、环境美化等方面的混龄角色游戏。大班幼儿将从幼儿园植物角收获的玉米、红薯、土豆等农作物投放至“甜品店”“小超市”等角色区开展游戏。幼儿在这些过程中对自己的知识经验进行了实践，在游戏中巩固和丰富了已有的知识经验。

2. 生成主题与角色游戏融合

除了预设主题外，幼儿还会在一日生活中生发出很多兴趣点，教师应该及时进行捕捉，使生成主题与角色游戏相融合。比如，幼儿有接种疫苗的经验，结合幼儿的兴趣，可以生成“疫苗接种小勇士”主题活动。幼儿在“小医院”游戏中新增了疫苗接种的一条龙服务，“悄悄屋”涉及了疫苗接种宣传讲座，“社区服务中心”增设了正确佩戴口罩宣讲、帮助社区人员预约疫苗接种等服务。

3. 将从主题活动中获得的经验与角色游戏融合

主题活动可以帮助幼儿通过发现问题、迁移生活经验、解决问题获得能力的提升。而幼儿在角色游戏中正是通过扮演角色，反映已有的生活经验，从而以互助的方式找出解决问题的方法，进而在交往、合作中获取新的经验。比如，在“奇妙的身体”主题活动中，幼儿关注到了健康饮食话题，从而引出一系列问题：胖的人应该怎么吃？瘦的人应该怎么吃？怎么才能合理、健康饮食？哪些食物可以多吃？哪些食物要少吃？于是，幼儿根据主题活动中的经验绘制了健康食谱并张贴在“小医院”“小超市”“小吃店”中，帮助“顾客”了解科学饮食的方法及注意事项。

（二）将主题环境与角色区环境适当结合

主题活动的开展离不开主题环境的创设，角色区活动的创设同样也离不开角色区环境的支持。比如，在“新年”主题活动中，教师鼓励幼儿将角色区的游戏环境与新年主题相结合，幼儿用各种方式将角色区装饰得红红火火，“年货一条街”的混龄角色游戏也开展得如火如荼，幼儿的兴趣和积极性被极大地调动起来。

（三）体现幼儿主体，教师以适宜的角色介入

《纲要》指出“教师应成为幼儿学习活动的支持者、合作者、引导者”。尤其是在混龄角色游戏中，教师应该根据不同年龄段幼儿的情况调整自己所扮演的角色，

突出幼儿的主体地位。比如，在角色游戏的不同阶段，教师可以通过扮演不同的角色来推动游戏的发展。

在游戏初期，教师作为支持者参与游戏。不同年龄段的幼儿因为能力、水平、兴趣等不同会提出不同的游戏主题及游戏计划，很容易产生分歧。这个时候，教师可以帮助幼儿筛选出有价值的游戏主题。在确定了游戏内容并得到其他幼儿的一致认可之后，教师应该大力支持，顺应幼儿的活动需求，并与幼儿一同收集相关的活动材料。

在游戏过程中，教师作为合作者、引导者参与游戏，促进游戏的进一步开展。游戏中幼儿难免会遇到各种各样的问题，甚至出现游戏中断的现象。这个时候，教师要善于观察，寻找适宜的时机以合作者、引导者的身份帮助幼儿解决困难并继续完成游戏。

在游戏结束后，教师作为支持者、引导者鼓励幼儿分享、评价游戏，促进幼儿经验的提升。教师可以根据情况，利用原有场地或者图片（视频）重现游戏场景，帮助幼儿分享游戏情节、讨论游戏内容、寻找问题解决方案，帮助幼儿提升游戏经验及确定下一次游戏主题。

四、角色区活动与主题活动融合案例

全园混龄角色区活动与主题活动融合案例

观察背景

结合“全国爱牙日”这一节日，幼儿园开展了“爱牙护牙，从齿开始”全园主题活动，小班幼儿进行了牙齿涂氟的护牙行动，中班、大班幼儿针对部分幼儿出现蛀牙、换牙情况开展保护牙齿的故事分享、手工制作、科学探索等活动。幼儿面对蛀牙、换牙情况出现了焦虑、紧张的情绪，爱护牙齿的话题成为幼儿的兴趣点。结合兴趣点，幼儿决定在“小医院”完善口腔科这一诊室。

情境描述

“口腔科”筹备阶段：中班、大班幼儿已经有了一定的看牙经验，他们提出牙医有很多工具与材料，如小镜子、镊子、探针、躺椅、各种药品等。经过讨论，幼儿利用家长及幼儿园的资源收集开设口腔科需要用到的材料。经过几天的布置，“口腔科”初具雏形，幼儿进行了几次游戏，材料在游戏过程中不断丰富起来。

“口腔科”游戏阶段：进行了一段时间的混龄游戏后，“口腔科”不再受欢迎。来看牙齿的“病人”很少，“医生、护士”无所事事，游戏停滞不前。

“口腔科”拓展阶段：幼儿针对游戏中“口腔科病人减少、医生和护士无所事事”的现象进行了讨论。游戏中一般由较小的幼儿充当“病人”，玩了一段时间后，充当“病人”的幼儿越来越少，“医生”和“护士”变得无所事事。经过讨论，幼儿增加了牙齿拍片、牙齿清洁、牙齿美容等游戏环节。当“病人”比较少的时候，“医生”“护士”也可以去各个角色区进行牙齿健康检查，邀请有牙齿问题的幼儿到“口腔科”进行详细的检查。同时，他们还举办爱护牙齿的讲座，宣传保护牙齿的方法。

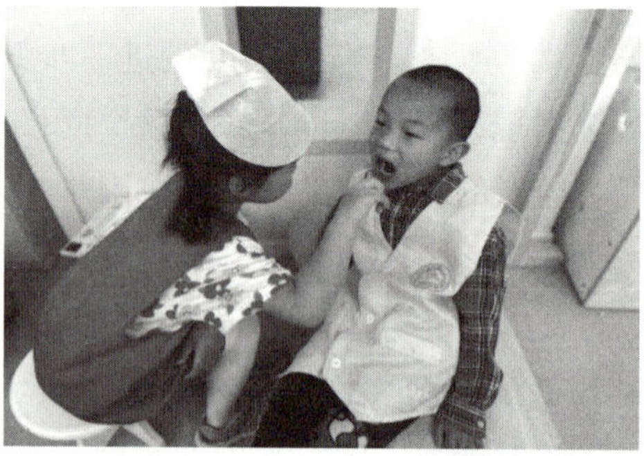

“医生”给“病人”检查口腔

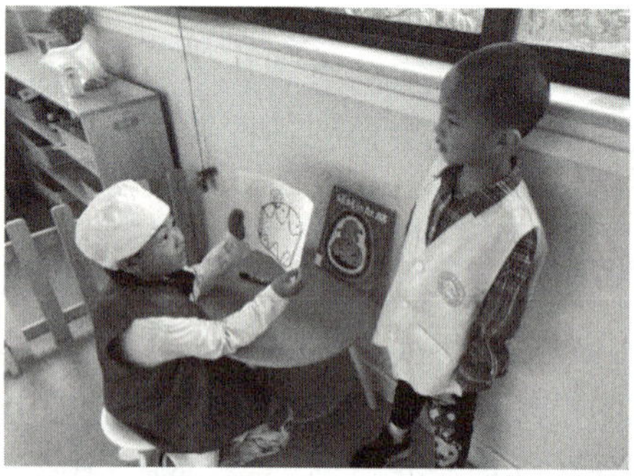

“医生”给“病人”拍片

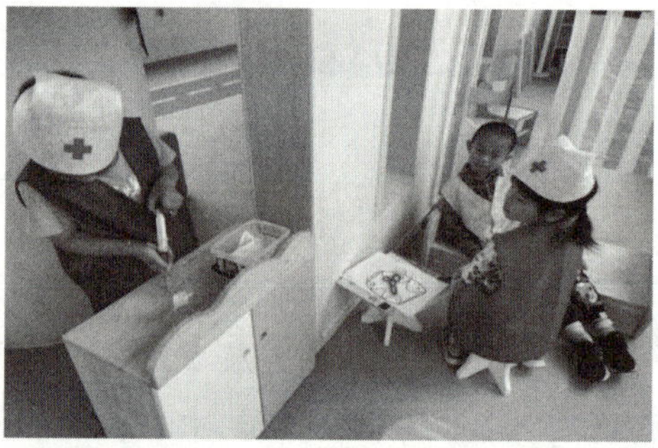

“医生”给“病人”打麻醉

教师指导与反思

幼儿将从“爱牙护牙，从齿开始”主题活动中了解到的知识经验投入混龄角色游戏中，通过收集材料构建了“医院口腔科”，顺利进行游戏。在幼儿几次游戏后，由于看牙游戏的形式单一、游戏的角色相对固定等出现了游戏停滞不前、无法持续深入开展的情况。可见在主题活动与全园混龄游戏的融合过程中，教师应帮助幼儿贴合生活实际调动已有的知识经验，不断丰富游戏材料、游戏情境，使得游戏活动能够深入、持续进行。

（苏州大学附属吴江幼儿园　周静）

第二节 角色区活动与生活活动的融合

一、角色区活动与生活活动融合的原则

角色区活动是幼儿期典型的活动形式。幼儿的社会经验不同，在角色区的表现和需要也大有不同。在角色区活动与生活活动融合的过程中，可结合幼儿的兴趣、需求，借助各种资源，利用合适场地，打造角色游戏体验场，供幼儿进行游戏。

（一）生活性原则

在角色区活动与生活活动融合的过程中，一是要注重角色区活动环境的生活化，创设充满关爱、温暖、尊重和支持的精神心理环境，使幼儿在角色区活动中获得充分的安全感、被尊重感和受接纳感。二是要注重角色区活动材料的生活化，充分利用大自然的各种资源，如石头、小草、树枝、树叶等贴近生活的材料，使幼儿获得操作的满足感。三是要注重角色区活动内容的生活化，活动的内容应紧密结合幼儿的发展特点、需求和日常生活经验，如很多幼儿乘公交车上学，经常会去小区附近的大型超市等，可根据幼儿日常经验，开设一系列活动。可根据幼儿的兴趣，在角色区投放相关材料，模拟生活活动中的场景，给予幼儿一个真实的活动环境。这种贴近幼儿生活的活动，能够激发幼儿的活动兴趣，丰富幼儿的生活经验。

（二）适宜性与参与性原则

角色区活动的安排、设计，包括环境的创设、材料的提供，都要适合幼儿的年龄特点，考虑其已有的生活经验及能力，使幼儿在原有基础上得到发展。幼儿可以根据自己的想法布置环境。比如，幼儿在角色游戏中根据自己的需求、游戏的发展来自由地布置环境，使游戏顺利、深入地开展。可以在游戏中增加社会关系类角色和多重关系类角色，帮助幼儿更好地建立社会化角色意识，也更好地实现角色区活动与生活活动的融合。

（三）实践性与安全性原则

教师在设计、指导幼儿生活活动时，要从幼儿的年龄特征和实际水平出发，逐渐培养他们自理、自立的能力。教师可充分利用各种游戏使幼儿掌握各项生活技能。比如，可以在“小医院”“小超市”游戏中，为幼儿提供一些角色扮演服装，让幼儿在游戏情境中学习拉拉链、扣纽扣、整理衣服等生活技能。活动空间必须适合幼

儿个体及小组进行活动且具有安全、卫生的特征，包括空间布局的安全，材料物品的卫生，空间环境的采光、噪声等符合幼儿使用的健康指标，使得幼儿在舒适、适宜的空间环境中活动，促进幼儿的健康成长。

二、角色区活动与生活活动融合的注意事项

（一）突出幼儿的主体地位

教师要注意角色区活动中幼儿的社会性发展需要，尊重幼儿在活动中的主体地位。一方面，教师要正确认识自己与幼儿在活动中的角色。幼儿是活动展开的主体，教师不是裁决者，而是良好互动环境的创设者，积极和幼儿互动的组织者，幼儿发展的指导者、促进者。在角色区活动与生活活动的融合中，教师只有恰当定位自己的角色，才能更好地关注幼儿的需要、兴趣，才能更好地与幼儿对话沟通，倾听并理解幼儿。另一方面，教师在与幼儿的交往中，要营造对幼儿具有激励作用的良好氛围，如平等、期待、宽松、理解的氛围，激发幼儿主动探究的欲望和积极交往的动机。

（二）活动内容要适宜

游戏是幼儿的基本活动，角色区活动与生活活动的融合要积极采用游戏化的方式。教师既要注意游戏的组织，也要注意游戏的内容。所选内容应符合幼儿的年龄特点，在儿童的“最近发展区”内，即既以儿童的心理发展水平为基础，又留有发展的空间。

（三）合理整合资源

教师应创设丰富而真实的生活情境，以幼儿的生活经验为主，关注幼儿的兴趣，引导幼儿沉浸式地体验角色区活动。在角色区活动与生活活动融合的过程中，教师要充分利用角色区的资源。生活活动中的一些环节很适合融合到角色区活动中，如在角色区的“甜品店”活动中，可以将制作果汁等一些真实的活动环节融入其中，包括切水果、榨汁等。

（四）活动安全有序

在角色区活动与生活活动融合的过程中，一定要考虑安全性问题，这关系到幼儿的切身利益。要尽量减少不必要的集体行为和过渡环节，减少和消除消极等待现象；要建立良好的日常规范，在活动中避免不必要的管理行为，逐步引导幼儿学习自我管理。

三、角色区活动与生活活动融合的策略

（一）立足于生活经验，促进幼儿多元发展

生活活动是以幼儿的生活习惯和生活能力为培养对象的一种活动，具有基础性

作用。角色区活动与生活活动的融合需要立足于幼儿一日的真实生活，提升幼儿的生活自理能力。例如，角色区内的“社区服务中心”要求幼儿能整理图书和相关物品，能擦洗“服务站”；“甜品店”游戏要求幼儿能动手制作点心和甜品，能冲调茶等饮品。

（二）珍视生活资源，让幼儿体验真实生活

提供低结构材料能够给幼儿更多的创造空间，让幼儿尽情体验和创造。生活活动与角色区活动的融合，要从幼儿生活中的兴趣点、需要养成的生活习惯和生活能力出发，将真实的生活场景搬进角色区，给幼儿一个真实的生活实习场。还可以在角色区活动中融入其他生活资源。角色区活动是以相对真实的游戏场所和游戏材料为基础进行的，如在“社区服务站”“消防车”等游戏场景中，可以请相关家长来做讲解，增加幼儿的生活经验。

（三）从生活中来，到生活中去

生活即教育，要为生活而教育。随着角色游戏的不断深入，幼儿的视野会更加开阔，能力也会相应提升，那么促进幼儿游戏角色的多元化，增加更多的角色互动，可以使角色游戏情节更加真实，更贴近社会生活。例如，在“小超市”售卖物品，物品不断减少，出现断货情况，那么可以增加重新进货的游戏情节。生活活动开展的原点和目的都在于教幼儿学会生活，如叠衣服、洗碗、洗手绢、整理物品、做点心等。幼儿遇到的生活难点，都可以成为生活活动的游戏内容。

四、角色区活动与生活活动融合案例

中班角色区活动与生活活动融合案例：我是家政服务员

情境描述

“顾客”走到“家政服务中心”前台说：“我的花店需要清洁，我想预约一下等会去我的花店里进行清洁。”“顾客”详细描述了自己的需求，希望重点清洁“花店”的材料台和桌子。“家政服务员”边听边记录下了“顾客”的要求，然后让另外一名“员工”准备了相应的清洁工具和清洁用品。

“顾客”下单预订服务

然后几名“家政服务员”按照约定的时间来到“顾客”的“花店”里，开始进行

清洁工作。他们分工合作，有的负责整理材料台里的材料，有的负责擦拭家具，还有的专注于地面的清洁。在清洁过程中，其中一名“家政服务员”说有好多材料混在一起了，很难整理，但他们最后还是通过合作完成了任务。

清洁完成后，“家政服务员”向“顾客”展示了他们的工作成果，并提出了前往“家政服务中心”结账的要求。然而，“顾客”对某些清洁细节表示不满，认为他们对材料的整理还是不够仔细。“家政服务员”表示他们在清洁过程中已经很努力了。但是“顾客”说价格太高了，不愿意支付全款。“家政服务员”就和“顾客”吵起来了。别的“顾客”看到了，就过来劝说，提议可以通过打折的方法解决问题，于是“家政服务员”同意给予“顾客”七折的价格优惠，“顾客”接受了这个价格，并支付了费用。

“家政服务员”带着清洁工具和清洁用品外出

“家政服务员”进行清洁

分析

幼儿在角色游戏中能够较好地进行角色扮演，表现出不同的职业特点和职责。然而，由于受到年龄和经验的限制，他们在处理复杂情况（如“顾客”对服务不满意、对于价格有所争执）时可能不知如何应对。幼儿在活动中展现出了一定的沟通意愿，但其沟通和协商能力还有待提高。例如，在面对“顾客”不满时，他们不知道如何有效表达自己的观点或寻求双方都能接受的解决方案。幼儿在团队合作方面做得很好，能够共同克服困难并完成任务。然而，他们也需要学会如何在团队中更好地分工合作，以及如何处理团队成员之间的分歧和冲突。幼儿在面对“顾客”不满意和出现价格争执的挫折时，有一定的情绪波动。这是正常的反应，但也表明他们需要更多的指导来学会如何以积极、理性的方式应对挫折。

教师指导与反思

教师可以在活动前提供更多关于不同职业角色的背景信息和行为特点的介绍，帮助幼儿更好地理解和进入角色。同时，也可以在活动中适时给予指导，提醒幼儿注意角色的行为规范和语言表达。还可以通过角色扮演、情景模拟等方式，让幼儿多练习沟通和协商的技巧。例如，可以设计一些“顾客”提出不同要求或抱怨的情境，让“家政服务员”尝试用不同的方式回应和解决问题。此外，还要在活动中设置更多需要团队合作才能完成的任务，鼓励幼儿相互协作、分工合作。同时，也要引导他们学会如何处理团队内部的分歧和冲突，培养他们的团队精神和协作能力。当幼儿遭遇挫折或失败时，教师要及时给予他们鼓励和支持，帮助他们分析原因并寻找改进的方法。同时，也要让他们理解挫折是成长的一部分，要以积极、乐观的心态面对挑战。在活动结束后，教师要组织幼儿进行反思和总结，让他们分享自己的体验和感受，以及学到的经验和教训，这有助于他们巩固游戏所获，并为今后的活动提供支持。

（苏州大学附属吴江幼儿园　龚雯婷）

第三节　角色区活动与户外活动的融合

一、角色区活动与户外活动融合的原则

（一）自主性原则

幼儿是活动的主体，角色区活动是幼儿最主要、最有效的获取经验方式。幼儿在户外进行角色区活动时，场地和材料都有更多的选择性，对幼儿的行为限制得比较少，幼儿有更多的自主性，可以自主选择、自由创造。教师要充分尊重幼儿的主观意愿，鼓励幼儿自主确定活动主题、游戏角色等，让幼儿成为活动的主人。

（二）开放性原则

在角色区活动与户外活动的融合中，要结合户外空间开放的特点，弥补幼儿对角色区空间、场地有限的缺憾，满足幼儿开展多种活动的需求。

（三）情境性原则

在开展户外角色区活动时，要注意利用身边的自然环境和社会环境，为幼儿创设科学适宜的活动情境，引导幼儿主动融入活动，参与角色扮演。幼儿在大自然中体验角色区活动，能够有效促进幼儿全面发展。

（四）趣味性原则

要鼓励幼儿结合兴趣开展角色区户外活动。围绕相关游戏情境规划具有趣味性的角色区户外活动，可以帮助幼儿体验真实的角色区游戏，感受角色游戏带来的快乐。

二、角色区活动与户外活动融合的注意事项

（一）挑选活动场地

户外活动在场地和情境上与角色区活动有着不同之处，提前挑选、规划户外活动场地，最大限度地满足幼儿对活动场地的需求是活动融合的关键步骤。根据不同的情境，幼儿可以将同一类活动生成不同的形式，以获得不一样的活动体验。

（二）检查活动材料

在户外活动和角色区活动相融合的过程中，要对户外活动材料进行仔细检查，确保户外场地的安全性，以免活动材料存在安全隐患。另外，指导幼儿在活动过程中规避一些有危险的行为，及时对其进行安全教育指导也是十分必要的。

（三）做好游戏计划

活动组织要有计划性、目的性，教师要提前做好活动计划，通过视频、图片、绘本、故事等形式拓宽幼儿活动的内容来源，鼓励幼儿按照计划开展活动，引导幼儿规划角色区与户外活动场地间的行动路线，感知各个角色特点，促进角色游戏的开展。

（四）记录活动问题

幼儿在活动中要相互合作，对活动中产生的新问题、新想法进行记录，尝试分析并解决问题。活动结束后，教师及时引导幼儿进行分享、反馈，帮助幼儿深入活动情境，实现各项能力的螺旋式发展。

三、角色区活动与户外活动融合的策略

（一）意识策略：教师要增进对活动材料投放的理解和认识

1. 提供低结构材料，促进活动情境创设

幼儿具有丰富的想象力与创造力，在游戏中会不断产生新的活动情境及天马行空的想法。幼儿更偏爱的是具有百变性的低结构材料，如呼啦圈和纸箱可以变成驾驶舱里的启动装备和仪表盘等。在实践中，高结构和低结构材料的投放比例约为1∶9，这是较合适的比例。

2. 提供多样材料，推进幼儿活动进程

根据角色需要，提供多样的活动材料，如石头、贝壳、树枝等。这些材料有功能多元性、可操作性等特点，能让幼儿根据自己的兴趣和想法随意组合使用并可以一物多用，从而在角色区活动和户外活动的融合中自由地发挥想象力和创造力。

（二）行动策略：整合材料资源，为幼儿提供适宜的活动材料

例如，幼儿在结合秋游活动开展的户外野餐、骑行、划船等活动中都会对食材、体育活动材料有需求，因此教师可以在材料区提供许多体积小、数量多的低结构替代材料，如各类碎布、小树枝、塑料夹子、轮胎等来满足幼儿的需求。

（三）合作策略：加强师幼合作，注重对活动材料的动态调整

对活动材料的动态调整是有效推进活动开展的关键，动态调整的时机也值得我们思考。比如，教师在以下几个时机可及时询问幼儿并提供帮助：当幼儿主动提出需要具体的材料时；当多名幼儿同时需要一种材料并在争抢时；当游戏中幼儿到材料库找不到需要的材料时；当观察到一个融合游戏持续了一段时间，游戏情节一直在重复时。

（四）指导策略：提供适宜指导，增强游戏材料对游戏情节的推动作用

在角色区活动开展的不同阶段，教师需要不断调整自己的角色身份，结合各个年龄段幼儿的年龄特点与兴趣需求、能力水平，及时进行适当的介入、指导，帮助幼儿在活动中获得正向的经验发展。

游戏前，教师作为支持者与幼儿共同讨论，耐心倾听、努力理解幼儿关于游戏的想法与感受，引导幼儿整合讨论内容，明确主题，根据讨论内容收集、准备游戏所需材料，保证游戏前期的物质材料。

游戏中，教师作为角色游戏的合作者，帮助幼儿解决在游戏中遇到的问题，不断丰富游戏内容。

游戏后，教师作为支持者、引导者，鼓励幼儿大胆分享游戏时的收获与遇到的问题，鼓励他们大胆地探索与表达。在幼儿分享时，教师及时抓住幼儿感兴趣的事物和其中的偶发事件，给予幼儿适时恰当的引导，拓展幼儿的想法，结合幼儿的需求不断丰富游戏材料，提升幼儿的游戏经验，为下一次游戏做好经验与物质准备。

四、角色区活动与户外活动融合案例

中班、大班角色区活动与户外活动融合案例

观察背景

幼儿园进行了消防演练。在完成听到警报声后用湿毛巾捂住口鼻、有序地撤离

到操场，看见保安叔叔用灭火器将火扑灭的整个演练过程，以及听完园长的科普讲话后，各个年龄段的小朋友都觉得消防员叔叔厉害极了，都对当消防员充满了兴趣，一时间角色区的“消防站”人气大增。

情境描述

“消防站”筹备阶段：结合看过的一些关于消防员的电视和图片，一些中班、大班小朋友提出他们知道消防员要穿专门的制服、戴头盔，消防车上还需要很多能喷水的水管、水枪。老师收集了小朋友的想法，了解他们对材料的需求并进行整合筛选后，充分利用社区资源、家长资源，完成了必要材料的购买，于是“消防站”游戏逐渐开展起来，吸引了很多不同年龄段的小朋友来参与。

“消防站”游戏阶段：在活动刚开展的阶段，小朋友的兴趣都非常浓厚，中班、大班的小朋友“驾驶着消防车”，小班的小朋友待在“消防车”车厢内。可是这样无主题、无目的、无内容的活动很快就让大部分小朋友失去了游戏兴趣，选择“消防站”游戏的幼儿开始漫无目的地四处走动。

“消防站”拓展阶段：针对小朋友们对“消防站”游戏失去兴趣，“消防员”无所事事这一现象，老师与小朋友们一起进行了讨论，整理出一个关键问题：很多小朋友不知道怎么做消防员。针对这个问题，小朋友们决定通过调查问卷、观看相关视频等不同的方式收集资料，加深对消防员这一职业的了解。经过讨论，小朋友们决定设立“消防员训练日”，将训练场地从角色区狭小的走道移到幼儿园的操场，结合相应的年龄阶段，用软垫、轮胎、三角锥、竹梯、跳马等多种体育器械，搭建适宜的“障碍训练道”，提高“消防员”的体能训练水平，促进其跑、跳、钻、爬等能力的发展，并对较高年龄段“消防员”进行转向、队列训练，时刻为“消防员出警”做准备。

幼儿进行推轮胎前进跑训练

幼儿进行平衡训练

幼儿进行体能跳跃训练

幼儿进行爬梯训练

教师指导与反思

“消防站”游戏是在幼儿进行消防演练后对消防员产生兴趣的基础上生成、开展的一个混龄角色游戏。在活动开展的前期，教师结合幼儿想法进行材料的收集、游戏的筹备，但随着游戏的逐渐开展，由于没有明确的游戏主题及对消防员的认知较少，幼儿渐渐失去了游戏兴趣，变得无所事事。经过讨论，幼儿通过调查加深了对消防员的了解，决定开展体能训练、转向训练、队列训练等，巧妙地将角色区活动与户外活动融合起来，不仅丰富了“消防站”混龄角色游戏的活动形式，也激发了幼儿的活动兴趣。生活经验为幼儿游戏的基础。角色区活动和户外活动的融合要贴近幼儿的实际生活，符合其已有的生活经验与相关能力水平，并结合不同的材料、情境引导幼儿不断深入地进行游戏。

（苏州大学附属吴江幼儿园　朱子灵）

第四节　角色区活动与教学活动的融合

一、角色区活动与教学活动融合的原则

（一）一致性原则

集体教学活动有既定的教育目标，同样地，在开展角色区活动前也应制定角色区活动目标。可以参考集体教学活动的目标来制定角色区活动的目标，保持集体教学活动与角色区活动目标的一致性。

（二）适宜性原则

每次的角色区活动中都应有相应的教学契机，而要在角色区活动中达到教学目

标，需要在角色区的环境创设和材料上进行渗透。要创设适宜的环境和投放适宜的材料，让幼儿通过角色区活动将生活经验与教学活动相融合，在使其提升经验的同时实现教学目标。

（三）互动性原则

集体教学活动中会存在一些限制，而幼儿也存在个体差异，对于未达成教学活动目标的幼儿，教师可以通过对幼儿在角色区活动中的语言互动、社会性互动交往的关注，帮助幼儿达成相关教育目标。

（四）延伸性原则

教师要把握住教学活动的方向性和延伸性，贴合教育目标精准把控教学的经验、环境、材料等要素，将这些要素融入角色区活动中，达成教学活动的延伸，实现教学活动与角色区活动的融合，为幼儿服务，促进其深度学习。

（五）交互性原则

幼儿园的角色区活动和教学活动融合是一种幼儿和教师的双边活动，双方是相互依存的共同体，幼儿往往会根据教师的要求来调整自己的行为，而幼儿的行为同样会对教师的教学产生影响，构成师幼影响的双向交互性。

二、角色区活动与教学活动融合的注意事项

（一）坚持以幼儿为主体，防止固化角色区活动内容

教学只是幼儿发展的方式，在幼儿角色区活动中要注意防止为达成教学目标而固化幼儿角色区活动内容，以免使角色区活动失去其最初的意义。

（二）选择适宜的教学活动，生成与内容相关的角色游戏

幼儿的生活内容越丰富，知识经验越多，游戏的内容就会越充实、越新颖。所以在角色区活动和教学活动融合的过程中，应该将幼儿经常见到的、听到的或学习过的东西拓展为适宜的主题内容，生成与这些内容相关的角色游戏，让幼儿通过角色游戏这一形式更好地理解和消化教学内容。

（三）二者融合后的活动要符合幼儿的实际情况

在角色区活动和教学活动融合的过程中，如果教师的主观意识较强，或者说只考虑到游戏内容、游戏主题与现阶段教学内容、教学计划的相关性，没有充分考虑到游戏内容和游戏场景的设置与幼儿实际生活之间的关系，没有充分考虑到幼儿的兴趣爱好和身心成长需求的匹配，没有充分了解幼儿对游戏的看法及幼儿在游戏过程中的想法，就会使活动过于模式化、形式化，不能体现出灵动性，也难以调动幼儿的参与性与创造性。

三、角色区活动与教学活动融合的策略

（一）根据教学活动的经验，使角色区活动与之相呼应

在教学活动中，经验知识和活动内容都不是孤立的，而是有着千丝万缕的联系，教师可以通过各年龄段幼儿教学活动的经验架构，在角色活动中生成与经验相关的角色游戏，让幼儿在游戏中强化建构起来的经验。

（二）将教学活动的材料与角色区的材料相结合

角色区活动和教学活动的融合需要材料的支持，教师要根据幼儿的兴趣，为幼儿创设多样化的游戏情境，激发幼儿的探索欲望。教学活动中经常会使用到相关的材料，而角色区活动中必不可少的也是游戏的相关材料。可将教学活动材料在使用后放置于角色区，在角色游戏中继续使用，从而使教学后的延伸活动顺利开展，方便幼儿强化记忆。

（三）进行适宜的指导

幼儿的游戏在开始阶段须建立在幼儿的兴趣和关注点上，教师要鼓励幼儿结合兴趣和教学活动的经验确定游戏主题和框架，与教学活动的经验链接。不同年龄段幼儿要根据感兴趣的教学活动讨论并制订游戏计划。

在游戏过程中，教师要关注各年龄段幼儿计划的落实情况，引导幼儿互相鼓励、提醒。游戏过程中往往还会产生各种各样的问题，当出现这一系列问题而幼儿无法解决时，教师需要适时抓住时机找准问题核心所在，引发幼儿的思考，帮助幼儿深度思考。

在游戏结束后，教师可以采用现场分享及通过视频或照片回顾分享的形式，引导幼儿对游戏进行互评、自评，并在这个过程中让幼儿汲取游戏经验，促进幼儿的发展。

教师应结合幼儿的需求及教学活动经验不断增加新材料，帮助幼儿延伸游戏内容，促进幼儿深入游戏情节，以此不断激发幼儿的兴趣及创造性，帮助幼儿不断形成新的游戏想法，丰富游戏情节。

四、角色区活动与教学活动融合案例

全园混龄角色区活动与教学活动融合案例

观察背景

在开展教学活动“各种各样的甜品”后，小班幼儿对于甜品的兴趣持续增强，

而中班、大班幼儿对于甜品也有一定的认知，他们平常在美术活动中就喜欢画各种各样的甜品。利用废旧纸盒和橡皮泥等，幼儿可以制作各种“美味的甜品”。于是，大家决定进行“甜品店”角色游戏。

情境描述

“甜品店”筹备阶段：各年龄段的幼儿讨论了各种甜品的颜色、形状、包装等，然后中班、大班的幼儿经过思考提出了制作“甜品”需要用到的材料，如彩纸、橡皮泥、纽扣、树叶等。幼儿收集了各种材料。中班、大班的幼儿手工制作了自己喜欢的“甜品”，小班也做了简易的“糖果”，并帮忙在“甜品店”摆好制作完的各种“甜品”。

“甜品店”游戏阶段：开始游戏的时候，幼儿会被各种各样好看的“甜品”吸引而来，但不久以后，“客人”越来越少了，“店员”无所事事，小班幼儿还会离开“甜品店”到别的地方去。

“甜品店”拓展阶段：幼儿针对“甜品店”长久没有“客人”、“店员”离店的现象进行了讨论，然后总结出一些解决办法。第一，没有“客人”的时候可以想办法对已有的“甜品”进行改良和创新，在原有的基础上增添新的材料。第二，可以进行现场制作，由“客人”点单，“店员”根据“客人”的要求进行“甜品”的制作。第三，可以推出一个外卖模式，由“客人”进行点单，然后由“店员”配送到指定地方。第四，推出“客人”DIY模式，由他们选择想要的材料自己制作“甜品”。

添加“甜品店”新材料

“店员”把现场制作的“甜品”交给“顾客”

“店员”等候“外卖”订单

教师指导与反思

从此案例可以看出，当幼儿把已有经验放到角色游戏里时，一开始会有兴趣，但时间久了，由于“甜品店”单一的卖甜品模式和制作方式，兴趣逐渐消失，而且小班幼儿的角色意识不是很强，他们会脱离游戏情境，被其他事物吸引。所以，教师应该和幼儿一起对问题做出讨论，引导幼儿想办法解决这些问题，改变单一的售卖和制作模式。经过讨论得出结论：可以根据甜品的特点多收集一些材料，让幼儿有更多的选择进行甜品的制作，让游戏过程更加丰富；根据生活经验变换“甜品店”售卖和制作模式，拓展游戏情节，如根据客人要求现场制作甜品模式、外卖模式、客人DIY模式等，激发幼儿的兴趣，吸引幼儿来“甜品店”进行游戏；提醒大班幼儿做好榜样，以大带小，强化小班、中班幼儿的角色意识。幼儿分工合作，做好自己的角色该做的事情。还可以引导幼儿在一定条件下转变自己的游戏角色，比如空闲的“店员”去送外卖，“老板”去外面发传单宣传甜品店，等等。

（苏州大学附属吴江幼儿园　龚雯婷）

参考文献

蔡咏梅，许靖. 以角色游戏中的谈话促进大班幼儿口语表达能力的策略研究［J］. 中国教师，2021（4）：104-105.

陈凤娟. 浅议教师介入幼儿角色游戏的时机和指导建议［J］. 科学咨询，2018（37）：119-120.

陈倩. 小班角色游戏中教师行为的策略研究［J］. 高考，2016（18）：65.

陈勤英. 教师在角色游戏中的“角色”［J］. 读与写（上下旬），2014（19）：316.

丛杭青，王晓梅. 何谓 Autonomy？［J］. 哲学研究，2013（1）：108-115.

戴凤玲. 探究幼儿园区域游戏生活化的策略［J］. 教育界，2021（27）：77-78.

丁海东. 学前游戏论［M］. 济南：山东人民出版社，2001.

董旭花. 幼儿园游戏［M］. 北京：科学出版社，2009.

方建华. 中班幼儿角色游戏中教师指导行为研究［D］. 南京：南京师范大学，2008.

冯雪琴. 角色游戏中教师角色的分析［J］. 山东教育，2002（15）：37-38.

格朗兰德. 发展适宜性游戏：引导幼儿向更高水平发展［M］. 严冷，译. 北京：北京师范大学出版社，2014.

耿晓锟. 通过角色游戏促进大班幼儿创造力发展的实践研究［D］. 武汉：华中师范大学，2019.

龚桂红. 小班角色区游戏现状及改善策略［J］. 教育导刊，2016（16）：79-80.

郭曼曼，张晴. 教师介入幼儿游戏的研究现状与趋势［J］. 宁波教育学院学报，2017，19（1）：113-115.

郭敏. 小班幼儿角色游戏的介入及指导［J］. 读与写（教育教学刊），2019，16（12）：220.

郭泉秀. T 园 4—6 岁幼儿角色游戏中教师介入现状的研究［D］. 南京：南京师范大学，2014.

郭伟. 幼儿园角色游戏的有效指导［J］. 河南教育（教师教育），2022（2）：76.

华爱华. 幼儿游戏理论［M］. 上海：上海教育出版社，1998.
黄人颂. 学前教育学［M］. 北京：人民教育出版社，1989.
纪秀君. 儿童成长需要不断进化的游戏过程［J］. 幼儿教育（教育教学），2016（9）：54.
贾玉玲. 角色区活动指导手册［M］. 北京：北京师范大学出版社，2017.
李晨晨. 幼儿园中班角色游戏师幼互动存在的问题及解决策略［J］. 陕西学前师范学院报，2019（1）：53-58.
李善英，陈惠婷. 大班幼儿角色游戏中同伴互动行为分析及教育对策［J］. 陕西学前师范学院学报，2018（5）：51-55.
刘兰东，陈平留，周小青. 中国传统教育与儿童游戏环境设计［J］. 中国科技信息，2005（21）：168.
刘欣. 通过角色游戏培养大班幼儿创造力的行动研究［D］. 上海：上海师范大学，2019.
刘焱. 儿童游戏通论［M］. 北京：北京师范大学出版社，2004.
马柳新. 角色游戏规则初探［J］. 早期教育（教师版），1991（3）：7-8.
潘嘉雯. 趣玩小医院：浅谈角色区游戏“小医院”的创设与使用［J］. 教育界，2020（42）：73-74.
皮亚杰. 儿童的心理发展［M］. 傅统先，译. 济南：山东教育出版社，1982.
钱春莲. 浅谈角色游戏环境的创设与游戏的发展［J］. 早期教育（教科研版），2011（11）：32-33.
秦元东，王春燕. 幼儿园区域活动新论：一种生态学的视角［M］. 北京：北京师范大学出版社，2008.
秦元东. 生态式幼儿园区域活动初探［J］. 学前教育（幼教版），2006（3）：11-13.
邱学青. 学前儿童游戏［M］. 3 版. 南京：江苏教育出版社，2005.
任艳. 对幼儿园角色游戏区创设的构思［J］. 华夏教师，2020（13）：78.
沈晗. 国内外学前儿童混龄角色游戏研究成果综述［J］. 新课程研究（下旬），2017（27）：107-109.
孙延永. 促进幼儿主动学习的区域活动环境创设［J］. 陕西学前师范学院学报，2017，33（7）：38-42.
孙叶琴. 大班幼儿角色游戏中开放性材料投放的实践研究［D］. 上海：上海师范大学，2017.
田晓芳. 角色区的创设［J］. 山西教育（幼教），2016（7）：30-31.

王卫红. 角色游戏环境的创设与利用［J］. 山东教育，2002（18）：36-37.

王小丽. 中班幼儿角色游戏中教师介入时机的研究［J］. 黑河学刊，2013（6）：123-124.

王忠民. 幼儿教育辞典［M］. 北京：中国大百科全书出版社，2004.

夏邑群，施燕飞. 幼儿园混龄游戏的内涵、特征与实践［J］. 上海教育科研，2019（7）：72-77.

亚德什科，索欣. 学前教育学［M］. 北京师范大学外国教育研究所，译. 北京：人民教育出版社，1981.

杨晋. 小班角色区游戏初探［J］. 成功（教育），2011（4）：225.

姚小玲. 大班幼儿角色游戏中开放性资源投放［J］. 基础教育论坛，2021（2）：36.

叶丽雅. 幼儿园角色区域活动的指导策略探讨［J］. 成才之路，2018（13）：71.

叶晓晴. 小班幼儿入园初期自主性游戏的指导策略：以角色游戏“麦当劳”为例［J］. 文理导航，2021（36）：87-88.

殷顺梅. 小班主题角色游戏中教师介入的方式与指导策略［J］. 新课程（下），2012（9）：96.

殷月玲. 幼儿园区域标识在一日生活中的运用［J］. 家长，2021（5）：131-132.

于桓烽. 中班角色游戏的组织与指导［J］. 上海托幼，2021（9）：36-37.

张琪. 基于儿童的视角对角色游戏区物质环境创设的研究［D］. 长春：吉林外国语大学，2022.

张瑶. 创造性游戏中幼儿自主性发展研究［D］. 济南：山东师范大学，2015.

郑碧华. 在角色区材料投放中促进小班幼儿友好交往［J］. 福建基础教育研究，2014（12）：114-115.

周黎丽. 浅谈幼儿园区域活动的入区规则［J］. 科普童话，2019（32）：166.

朱雯. 角色游戏在幼儿园教育教学中的应用［J］. 读写算，2021（10）：35-36.

朱小泉. 角色区游戏规则建立的研究：以4—5岁幼儿为例［D］. 武汉：华中师范大学，2016.

Kagan J，Moss H A. The stability of passive and dependent behavior from childhood through adulthood［J］. Child Development，1960（31）：577-591.

后 记

《幼儿园区域创设与活动指导：角色区》一书，经过整个团队历时两年多的研究、探索和实践，一年多的反思、完善和写作，终于凝练成文字成书出版了。付梓之际，我们内心充满了感激，真挚地感谢那些无私奉献、积极参与的教师们，是他们的智慧和努力，为本书注入了生命力。在编写过程中，每一位教师都以极高的热情和责任心，对每一个细节进行深入探讨，确保内容的准确性和实用性。大家执着的敬业精神，是我们完成此书的重要支撑。

本书是研究团队集体智慧的结晶，除了主创人员的努力外，我们还要向那些参与资料汇编、案例提供的一线教师们致以崇高的敬意，她们的实践经验是本书最宝贵的财富。她们是苏州大学附属吴江幼儿园的彭杰、王晓涵、胡英、周洁、周静、朱子灵、龚雯婷；江苏省汾湖高新技术产业开发区实验幼儿园的蒋志兰、周婧、刘雨晴、成思敏、唐晓文、金晓霞、郑怡婷、计婷婷、薛鑫华。正是有了她们在教育一线多年的积累和总结，我们才能够从中提炼出具有指导意义的实践案例。这些案例不仅为本书增色不少，更为广大教师提供了可借鉴的经验。

这里要特别感谢张晗教授，他提出的“经验视野”理念与伴随式指导，使本书中各阶段探索经验得以有效提炼，并最终得以出版与大家见面。

此外，还要感谢苏州市吴江区教育局领导的关心和支持，是他们的决策和推动，让本书得以顺利出版，为我们今后的教育科研工作提供了强大的后盾。

鉴于诸多原因，本书尚未能全面地梳理和展现所有的成果和经验，若有不当之处，恳请诸位读者、同行、专家指正，敬祈见谅！

2024 年 8 月